CW01290078

La actualidad de lo bello

PENSAMIENTO CONTEMPORÁNEO
Colección dirigida por Manuel Cruz

1. L. Wittgenstein, *Conferencia sobre ética*
2. J. Derrida, *La desconstrucción en las fronteras de la filosofía*
3. P. K. Feyerabend, *Límites de la ciencia*
4. J. F. Lyotard, *¿Por qué filosofar?*
5. A. C. Danto, *Historia y narración*
6. T. S. Kuhn, *¿Qué son las revoluciones científicas?*
7. M. Foucault, *Tecnologías del yo*
8. N. Luhmann, *Sociedad y sistema: la ambición de la teoría*
9. J. Rawls, *Sobre las libertades*
10. G. Vattimo, *La sociedad transparente*
11. R. Rorty, *El giro lingüístico*
12. G. Colli, *El libro de nuestra crisis*
13. K.-O. Apel, *Teoría de la verdad y ética del discurso*
14. J. Elster, *Domar la suerte*
15. H. G. Gadamer, *La actualidad de lo bello*
16. G. E. M. Anscombe, *Intención*
17. J. Habermas, *Escritos sobre moralidad y eticidad*
18. T.W. Adorno, *Actualidad de la filosofía*
19. T. Negri, *Fin de siglo*
20. D. Davidson, *Mente, mundo y acción*
21. E. Husserl, *Invitación a la fenomenología*
22. L. Wittgenstein, *Lecciones y conversaciones sobre estética, psicología y creencia religiosa*
23. R. Carnap, *Autobiografía intelectual*
24. N. Bobbio, *Igualdad y libertad*
25. G. E. Moore, *Ensayos éticos*
26. E. Levinas, *El Tiempo y el Otro*
27. W. Benjamin, *La metafísica de la juventud*
28. E. Jünger y M. Heidegger, *Acerca del nihilismo*
29. R. Dworkin, *Ética privada e igualitarismo político*
30. C. Taylor, *La ética de la autenticidad*
31. H. Putnam, *Las mil caras del realismo*
32. M. Blanchot, *El paso (no) más allá*
33. P. Winch, *Comprender una sociedad primitiva*
34. A. Koyré, *Pensar la ciencia*
35. J. Derrida, *El lenguaje y las instituciones filosóficas*
36. S. Weil, *Reflexiones sobre las causas de la libertad y de la opresión social*
37. P. F. Strawson, *Libertad y resentimiento*
38. H. Arendt, *De la historia a la acción*
39. G. Vattimo, *Más allá de la interpretación*
40. W. Benjamin, *Personajes alemanes*
41. G. Bataille, *Lo que entiendo por soberanía*

Hans-Georg Gadamer

La actualidad de lo bello

El arte como juego, símbolo y fiesta

Introducción de Rafael Argullol

Ediciones Paidós
I.C.E. de la Universidad Autónoma de Barcelona
Barcelona - Buenos Aires - México

Título original: *Die Aktualität des Schönen*
Publicado en alemán por Philipp Reclam, jun., Stuttgart

Traducción de Antonio Gómez Ramos

Cubierta de Mario Eskenazi y Pablo Martín

1a. edición en la Argentina,1998

Impreso en la Argentina - Printed in Argentina
Queda hecho el depósito que previene la ley 11.723

ISBN 950-12-9065-4

SUMARIO

INTRODUCCION

EL ARTE DESPUES DE LA «MUERTE DEL ARTE»

La lectura de un texto como la *La actualidad de lo bello* se asemeja a la audición de una sinfonía clásica, ya no en el salón del palacio o en la burguesa sala de conciertos, sino en el hueco inquietante de un arrabal urbano. Las notas suenan según una elaborada armonía, pero en el escenario que los acoge se advierte el desorden del campo de batalla. El efecto que produce es, al mismo tiempo, estimulante y contradictorio. Al lector le queda la sospecha de que la interpretación a la que ha asistido roza lo imposible. El sonido ha salido perfecto de los instrumentos pero la acústica del espacio escogido queda lejos de tal perfección. Y, sin embargo, al final de la audición se agradece la tentativa, por lo que tiene de arriesgada en tiempos de excesiva comodidad intelectual.

Ciertamente la tentativa de Hans Georg Gadamer es arriesgada: nada menos que trazar un puente ontológico entre la tradición artística («el gran arte del pasado») y el arte moderno. Para ello el filósofo de Marburgo pone en marcha una instrumentación clásica, aunque lo suficientemente flexible como para tratar de responder, con la ayuda de cierta antropología contemporánea, a los principales interrogantes suscitados por la modernidad. De manera no disimulada, junto al conflicto entre lo antiguo y lo moderno, en la obra de Gadamer late la vieja querella entre arte (o más bien poesía) y filosofía. El propio autor la ha elaborado en diversas ocasiones. La particularidad estriba en el hecho de que en *La actualidad de lo bello* no sólo intenta revisar y reaproximar a los supuestos adversarios, sino que extiende la onda de expansión del choque a la cultura moderna. Con armas filosóficas, Gadamer quiere demostrar que también el arte es conocimiento y que, pese a los prejuicios acumulados por los filósofos, esta capacidad cognoscitiva es tanto más evidente en un arte no referencial (o sólo referido a sí mismo) como el arte moderno. El puente al que aludíamos se convierte, en cierto modo, en un doble puente: el que debe unir lo antiguo a lo moderno, y el que debe facilitar la circulación entre la filosofía y el arte. La capacidad constructora de Gadamer, así como, todo hay que decirlo, el optimismo con que desarrolla su labor, hace que frecuentemente nos olvidemos, nosotros y él, del vacío que debe ser superado.

Gadamer inicia su trabajo con un ajuste de cuentas con Hegel y, también, con el tiempo de Hegel. Tanto en un caso como en el otro parece inevitable. El siglo XIX acostumbra a ser considerado el marco en que se da el violento cambio de escena por el que entra en crisis el clásicorenacentista y emerge el arte moderno. Si tenemos que exigirnos coordenadas históricas, encuentro preferible situar aquel cambio en la agitada palestra en la que tiene lugar la confluencia y la oposición de la ilustración y el idealismo, del clasicismo y romanticismo. De los fragores causados por estas luchas y convivencias parten los orígenes de nuestra idea de modernidad. Es decir, casi en perfil biográfico, el «tiempo de Hegel», donde los primeros ecos del grito *Dios ha muerto* —mucho antes de Nietzsche, con algunos románticos— vienen a coincidir con el anuncio —mucho antes de lo que llamamos vanguardias— de la *muerte del arte.*

Por tanto, la elección del ajuste de cuentas es oportuna. ¿Qué quiere decir Hegel cuando dice que el arte ha muerto o, más exactamente, cuando afirma el «carácter de pasado del arte»?

La supuesta extinción del arte en el mundo moderno ha dado lugar a numerosas malinterpretaciones, algunas por desconocimiento de Hegel, otras, pienso, por excesiva fidelidad a la arquitectura hegeliana. Las primeras absolutizan el significado de «muerte», atribuida al arte, como si fuera posible establecer una frontera rígida entre un antes y un después de la creatividad artística. Las segundas, impregnadas por el optimismo dialéctico de Hegel, tratan de demostrar, como había predicho éste, el efectivo desbordamiento de la conciencia artística que, insuficiente ya en la gran marcha histórica hacia la autoconciencia, deja lugar a la superior misión de las conciencias religiosa y filosófica.

Como casi siempre, ni la ignorancia ni la ortodoxia sirven de mucho. El valor actual de la *muerte del arte* hegeliana, como proyección y como diagnóstico, exige una distancia crítica con respecto al sistema de Hegel. Es necesario, por decirlo así, extraer la pieza del edificio, para contrastarla con otras piezas que han moldeado el problema desde miradas diferentes.

Este Hegel fragmentario, separado de la totalidad hegeliana, dialoga bien, por ejemplo, con los fragmentos posteriores de un Baudelaire (el autor de los *Salones*) y un Nietzsche (el Nietzsche último, singularmente el de los escritos póstumos). Podrían ponerse otros ejemplos pero, puestos a elegir, me quedaría con estas tres miradas privilegiadas, con la ventaja del escalonamiento a lo largo del siglo XIX, el siglo que, en la práctica, incuba y desarrolla el quebrantamiento de la tradición artística.

Naturalmente, el arte agonizante es, para Hegel, el arte clásico, nacido y madurado mediante el más perfecto equilibrio entre materia y espíritu. La ruptura de este equilibrio, en favor del último, queda atestiguada por el «exceso de conciencia» del arte romántico. Más propiamente: el arte romántico conlleva la autodisolución del arte, si entendemos éste según la forma clásica, que es aquella en que ha expresado su función vital en la Historia. Por eso la ironía del artista moderno (la ironía romántica) significa el golpe mortal, en cuanto manifestación —artística, pero-ya-ultra-artística— de la primacía de la subjetividad. La fluidez espontánea entre objeto y sujeto queda definitivamente obturada en un artista, el moderno, «demasiado consciente» de su obra.

El análisis de Hegel es casi profético en relación a los destinos ulteriores del arte moderno. Los síntomas puestos al descubierto en sus *Lecciones de Estética* emergen puntualmente hasta alcanzar nuestros días. No así, desde luego, el diagnóstico, si tratamos de leerlo desde la globalidad del sistema hegeliano. El arte no se autodisuelve para superarse y ser superado en estadios de conciencia superior. Más bien, en una dirección notablemente distinta, entra en un estado de insuperable contradicción interna entre perspectiva de la libertad que le proporciona el subjetivismo y el estigma de orfandad en el que reconoce la ausencia de toda legislación objetiva. Baudelaire sabrá formular —con su visión de la modernidad— la libre condena al «salto hacia adelante» que caracteriza al artista moderno, y también a Nietzsche, tras las ilusiones metafísicas de *El nacimiento de la tragedia*, conducirá, a ese artista al premio y castigo simultáneos de un «arte sin verdad».

Gadamer, para hacer hincapié en el fin de la forma clásica enunciado por Hegel, remarca el carácter distinto de la relación entre lo divino y su presentación en el mundo griego (forjador de la forma clásica) y el mundo cristiano (propulsor del arte romántico). Para los griegos, lo divino se revelaba espontáneamente en la *forma* de su propia expresión artística, mientras que para el cristianismo, con su «nueva y más profunda intelección de la trascendencia de Dios, ya era posible una expresión adecuada de su propia *verdad* en el lenguaje de las formas artísticas». Al dejar de ser evidente el vínculo espontáneo entre forma y verdad, tras la Antigüedad, el arte aparece necesitado de *justificación.* En este punto Gadamer amplía y matiza la posición de Hegel, elaborando lo que podríamos denominar «gran cultura de la justificación artística» que ejercerá de impresionante transición entre la espontaneidad objetiva de los antiguos y la oclusión subjetiva de los modernos. Esta es la cultura del cristianismo occidental, desde el humanismo ranacentista al ilustrado, en la que el arte crece amparado en la fuerte integración de la Iglesia, poder y sociedad. Es, en opinión de Gadamer, el paisaje que se rompe en el siglo XIX. A la integración le sucede la desintegración, en el momento en que la creación artística se autonomiza del marco que la sustentaba y el arte, desamparado de verdad con-textual, se ve forzado a proclamar la textualidad de su verdad.

Pero, ¿tiene algún porvenir el arte tras «la muerte del arte»? Gadamer piensa que sí y, además, no sólo pretende establecer un nexo que relativice la fisura moderna sino que, asumiéndolo desde el pensamiento filosófico, quiere indagarlo en cuanto a conocimiento. Para ello, un tanto abruptamente, interrumpe el ajuste de cuentas con Hegel. Denuncia sus «excesos idealistas», pero se detiene en el momento de recabar el balance disociado de sus síntomas y diagnósticos. Gadamer no se apropia de Hegel contra Hegel, derivando la «muerte del arte» clásico hacia la moderna esquizofrenia del arte, puesta de relieve por Baudelaire y, en otros aproximaciones, por Schopenhauer, Kierkegaard o Nietzsche, sino que da un largo rodeo histórico y etimológico para llegar, bastante inesperadamente, a Kant.

Kant va a venir en ayuda del arte moderno. Antes, sin embargo, Gadamer prepara este advenimiento con un despliegue conceptual que, mediante la genealogía de la captación filosófica de tres términos *(arte, bello, estética)*, busca iluminar la aparente paradoja ontológica formulada por Baumgarten al considerar la experiencia estética como una *cognitio sensitiva*. El valor añadido de este recorrido estriba en el hecho de que Gadamer se decanta contra uno de los prejuicios filosóficos tradicionales al reivindicar el carácter cognoscitivo del arte. Gadamer ve en Aristóteles, pero lógicamente sobre todo en Platón, una base sólida para su reivindicación. Así, reforzando la interrelación entre lo estético y lo filosófico, alude a la creencia platónica, expresada en el *Fedro*, en una unidad entre la percepción espiritual de lo bello y el orden verdadero del mundo.

La función ontológica de lo bello, manifestación sensible del ideal, consistiría en «cerrar el abismo» abierto entre éste y lo real. La experiencia de lo bello, según Platón, implica verdad. Pero, incluso aceptando el supuesto platónico, ¿puede ser esto extendido al concepto de arte? ¿No se acostumbra a situar a Platón como el primer detractor filosófico de los artistas, es decir, de los artífices *en* y *de* la apariencia?

Para tratar de responder a este interrogante Gadamer coloca a Kant en una encrucijada en la que confluyen distintos caminos: el que lleva a responder la cuestión planteada por Alexander Baumgarten de la *cognitio sensitiva*; el que lleva a la primera formulación global del problema estético, justo en el momento histórico en el que lleva a apoyar teóricamente el rumbo del arte moderno.

Ya tratando de discernir la genealogía de lo *bello*, partiendo del griego *Kalós*, Gadamer saca a colación, como rasgo fundamental, su autodeterminación. «De ahí que, para nuestra sensibilidad más natural, al concepto de lo *bello* pertenezca el que no pueda preguntarse por qué gusta. Sin ninguna referencia a un fin, sin esperar utilidad alguna, *lo bello* se cumple en una suerte de autodeterminación y transpira el gozo de representarse a sí mismo.» Partiendo de esta premisa la recurrencia a Kant, en cuanto a primer filósofo que analiza sistemática y críticamente la experiencia estética, parece inevitable. Gadamer, tras separar algunas nociones matrices de la *Crítica del Juicio*, fija su atención en la *belleza libre*, caracterizada por Kant, como aquella «belleza libre de conceptos y significados». El alcance del *placer desinteresado* y de la *finalidad sin fin* kantianos se radicaliza hacia una intuición, anticipada por Kant, de la evolución del arte moderna. Para Gadamer, la formulación de la *belleza libre* como base de la experiencia estética alumbraría el sendero de un arte, el moderno, que crece en la constancia de su *autosuficiencia* como arte. Kant contradice a Hegel. El arte clásico, con respecto al que se cumple la hegeliana «muerte del arte», no posee *conciencia de arte* (a no ser extrínseca, es decir, para *nosotros*) mientras que sólo el arte moderno, el arte posterior a la «muerte del arte», al no ser, o al no poder ser, otra cosa que *autoconsciente*, está en condiciones de habitar libremente la belleza. Kant preparó teóricamente el terreno pues, según opina Gadamer, «desde que el arte no quiso ser ya nada más que arte comenzó la gran revolución artística moderna». La unicidad de lo artístico, tanto del perteneciente a la tradición como del que se origina tras su ruptura, quedaría establecida por el común recurso a la *autonomía de lo estético*, con la diferencia de que si, en el arte llamado clásico, esta autonomía se expresaba a pesar de la integración del arte en la comunidad y de la subsiguiente inconciencia del artista, en el moderno, fruto de la desintegración y de la autoconciencia, dicha autonomía adquiere un estatuto propio e inevitable.

Sin embargo, Gadamer, al recurrir justamente a Kant como gran campo teórico de inflexión, pasa por alto la irresuelta duplicidad kantiana entre arte y experiencia estética, que le impide ejecutar el último movimiento necesario para descubrir el inmediato futuro de la creatividad artística. En efecto, Kant, al proclamar rotundamente la *autonomía de lo estético*, rompe cualquier posibilidad de legislación objetiva de lo bello y abre, de par en par, las puertas al subjetivismo. De lo escrito en diversos capítulos de la *Crítica del Juicio*, en particular en la parte referida a la «analítica de lo sublime», podría deducirse casi sin transición lo afirmado medio siglo después por Baudelaire al querer definir la *modernidad*. En ambos casos, el sujeto puede argüir que aquello que él siente como bello es bello. Pero en el de Kant esta abolición de leyes y, por tanto, este radical subjetivismo sólo es completamente aceptable en lo que concierne a la experiencia estética. No así con respecto al arte, ante el que Kant no llega a traspasar la atmósfera clasicista-ilustrada que exige al artista una adecuación, de rango objetivo, al orden y a la norma. Hará falta la crítica romántica e idealista a Kant, en el «tiempo de Hegel», para que el valor de subjetivismo atribuido a la experiencia estética se trasponga al universo del arte. Para cerrar el juego, hará falta que Hegel contradiga a Kant para que un Baudelaire (tomado aquí como portavoz de su época) pueda llegar a creer, ya no sólo que lo que siente como bello es bello, sino que lo que produce como bello es asimismo bello. Con la transposición del subjetivismo desde lo estético a lo artístico se sella el certificado de nacimiento de la modernidad.

¿Hasta qué punto este certificado de nacimiento es un certificado de defunción? Hegel así lo piensa, aunque presagia la instauración de planos superiores de la conciencia. En una perspectiva más general, desde la ironía romántica hasta la evolución última de las vanguardias, la dualidad nacimiento-muerte impregna el transcurso del arte moderno que, bajo la oscilación pendular a menudo hacia tendencias utópico-apocalípticas, cuando no, desde la segunda guerra mundial, hacia la plena asunción del simulacro, una suerte de representación de aquella representación, ya moderna, que escenificaba la procreación de lo nuevo junto con la sospecha de su inmediata obsolescencia. La «muerte del arte», aislada de las previsiones de Hegel, se alza como sombra protagonista del arte moderno, en el que se proyecta como desvanecimiento de lo trascendente. Por eso el arte moderno, huérfano de Dios, persigue libre y desesperadamente, a través de la aventura formal, una forma de lo divino. Y la experiencia estética es, también, obligar a que se manifieste aquello con respecto a lo que el hombre moderno se siente abandonado. Ese dios desconocido que ha salido de nuestro escenario y del que, en ciertos momentos, imploramos su retorno.

Gadamer es más optimista y, a partir de Kant, encuentra una base estable para defender la unidad del arte. Para confirmar sus argumentos quiere ahondar en la experiencia antropológica del arte a través de tres conceptos: *juego, símbolo* y *fiesta.*

El *juego,* fundamentado antropológicamente como un *exceso,* le sirve a Gadamer para sostener una tendencia innata del hombre al arte. Como faceta de aquél también éste implicaría el *automovimiento* que caracteriza a lo viviente en general. Este rasgo adquiere especial importancia en la argumentación de Gadamer por cuanto lo que que él retiene del concepto de juego («el automovimiento que no tiende a un final o una meta, sino al movimiento en cuanto movimiento») le acerca a la *autonomía* y el *desinterés* de lo estético preconizados por Kant. El arte como juego entraña el ejemplo humano más puro de «autonomía del movimiento». Ahora bien, para que esto pueda ser comprobado, Gadamer aconseja alejarse de la visión del arte como obra cerrada y consolidada para aproximarse a otra visión, dinámica, en que la obra es entendida como proceso de construcción y reconstrucción continuas. Desde este punto de vista la obra de arte nunca *ha sido* sino que *es,* en continua transición, tanto para creadores como para receptores. La obra, producto del juego, deja siempre un espacio de juego que hay que *rellenar.* Lo estético que proporciona el arte es, precisamente, esta posibilidad de *relleno,* nunca acabado, del espacio de juego. Ahí radica la necesaria confusión perceptiva de planos, que ejerce como condición imprescindible de la experiencia estética, y a la que Gadamer alude con la noción de *no distinción*: «Es la no distinción entre el modo particular en que la obra se interpreta y la identidad misma que hay detrás de la obra lo que constituye la experiencia estética».

También para Kant el *juicio de gusto* se manifiesta en el ejercicio conjunto de la imaginación y el entendimiento. Pero las reflexiones kantianas se dirigían, bien a la naturaleza, bien al arte que calificamos clásico, mientras que Gadamer las aplica al arte moderno que, en su opinión, al no remitirse a referentes exteriores, explicita, todavía con mayor vigor que el tradicional, su vertiente lúdica. Ese remitir interno e indeterminado del arte moderno se explica en su naturaleza simbólica.

Gadamer repasa la etimología de *símbolo* y elige una opción semántica que lo coloca bajo la influencia de su maestro Heidegger. El símbolo griego (o *tessera hospitalis* de los latinos) como tablilla que, partida en dos, se compartía entre el anfitrión y el huésped, se convierte en una experiencia —la simbólica— mediante la que «lo particular se presenta como un fragmento de ser que promete complementar en un todo íntegro al que se corresponde con él». Gadamer es, tras esta correspondencia, taxativo: el sentimiento de lo bello es la evocación de un orden íntegro posible. Luego, sin embargo, matiza esta afirmación aparentemente idealista, advirtiendo, que lo *simbólico*, frente a las creencias del idealismo, descansa «sobre un insoluble juego de contrarios, de mostración y de ocultación». El error de la estética idealista sería ignorar este juego que es el que, específicamente, permite que lo universal tenga lugar en lo particular sin que, de modo necesario, éste tenga que pronunciarse como universal. Dicho en otros términos: lo simbólico no remite al significado sino que *representa el significado*. Si la esencia del juego es el automovimiento, la de lo simbólico sería el autosignificado.

La cualidad de lo simbólico, esta capacidad de alimentar lo universal en lo particular (o el orden posible en el fragmento) nos orienta en relación a qué tipo de juego es el arte. El juego artístico, a diferencia de los otros juegos de la naturaleza, busca la permanencia. Lo simbólico del arte facilita, heideggerianamente, el *reconocimiento* del origen o, si se quiere, la travesía de la contingencia para emprender aquel *Einhausung* («ir humano a casa») expresado por Hegel. *Re-conocer* en el arte es captar la permanencia en lo fugitivo.

El tema del arte como superación del tiempo (tema genéricamente moderno, de Baudelaire a Proust y de éste a Beckett) ofrece a Gadamer la posibilidad de introducir el carácter de *fiesta* o celebración como ruptura del presente. La experiencia estética es un «tiempo de celebración» que nos despoja del tiempo (lineal o acumulativo) y nos sugiere lo eterno. En un último viraje, siguiendo senderos heideggerianos, parece que Gadamer, sin decirlo expresamente, nos dirija a aquel poema de Hölderlin, *Wie wenn am Feiertage* («Como cuando en día de fiesta») en el que la poesía es, simultáneamente, un retorno al origen y un despojamiento del tiempo. Es decir, la esencia del Arte.

Un final esencialista. Pero quizás el único puente posible sea realmente éste, y, tras la «muerte del arte», el arte haya desencadenado la máxima tensión creativa en busca de su esencia.

RAFAEL ARGULLOL
Universidad de Barcelona

BIBLIOGRAFIA

Las obras completas de H.G. Gadamer, publicadas por la editorial Mohr, constan de diez volúmenes de los cuales hasta el momento presente sólo se han publicado seis.

I. *Hermeneutik I. Wahrheit und Methode. Grundzüge einer philosophischen Hermeneutik,* Tubinga, Mohr, 1986.

II. *Hermeneutik II. Wahrheit und Methode. Ergänzungen und Register,* Tubinga, Mohr, 1986.

III. *Neure Philosophie I. Hegel-Husserl-Heidegger,* Tubinga, Mohr, 1987.

IV. *Neure Philosophie II. Probleme-Gestalten,* Tubinga, Mohr, 1987.

V. *Griechische Philosophie I,* Tubinga, Mohr, 1985.

VI. *Griechische Philosophie II,* Tubinga, Mohr, 1985.

TRADUCCIONES AL CASTELLANO:

Verdad y Método. Salamanca, Ed. Sígueme, 1984.
La dialéctica de Hegel. Cinco ensayos hermenéuticos. Madrid, Cátedra, 1981.
La Razón en la época de la ciencia. Buenos Aires, Alfa, 1981.
La herencia de Europa. Barcelona, Península, 1990.

LA ACTUALIDAD DE LO BELLO

Me parece muy significativo que el problema de la justificación del arte no se haya planteado sólo en nuestros días, sino que se trate de un tema muy antiguo. Yo mismo dediqué mis primeros estudios a esta cuestión, publicando un escrito titulado *Plato und die Dichter* (*Platón y los poetas*) (1934).[1] De hecho, fue desde la nueva mentalidad filosófica y las nuevas exigencias de saber planteadas por el socratismo cuando, por primera vez en la historia de Occidente, que sepamos, se le exigió al arte una legitimación. En ese momento, dejó de ser evidente por sí mismo que la transmisión, en forma narrativa o figurativa, de contenidos tradicionales vagamente aceptados e interpretados posea el derecho a la verdad que reivindica. Así que se trata, de hecho, de un tema viejo y serio, que se plantea cada vez que una nueva pretensión de verdad se opone a la forma tradicional que se sigue expresando en la invención poética o en el lenguaje artístico. Piénsese en la cultura antigua tardía y su

1. En Gadamer, H.G., *Platos dialektische Ethik*, Hamburgo, [2]1968, págs. 181-204.

hostilidad hacia las imágenes, tantas veces lamentada. En aquel entonces, cuando las paredes comenzaron a cubrirse con incrustaciones, mosaicos y ornamentos, los artistas de la época se quejaban de que su tiempo había pasado. Algo parecido puede decirse de las restricciones y la extinción final de la libertad de expresión y de creación poética que sobrevino en el mundo antiguo con el imperio romano, y que Tácito lamentaba en su célebre diálogo sobre la decadencia de la oratoria, el *Dialogus de oratoribus.* Pero piénsese, sobre todo —y con ello nos acercamos a nuestros días mucho más de lo que se pudiera pensar a primera vista—, en la postura que adoptó el cristianismo hacia la tradición artística con la que se encontró. Fue una decisión de índole secular la de rechazar la iconoclastia que apareció en el desarrollo final de la Iglesia cristiana del primer milenio, sobre todo en los siglos VII y VIII. Entonces, la Iglesia le dio un nuevo sentido al lenguaje de los artistas plásticos y, más tarde, también a las formas discursivas de la poesía y la narrativa, otorgándole así al arte una nueva legitimación. Fue una decisión fundada, por cuanto el contenido del mensaje cristiano era el único lugar donde podía legitimarse de nuevo el lenguaje artístico que se había heredado. La *Biblia pauperum,* la Biblia de los pobres, que no podían leer o no sabían latín y, por consiguiente, no podían comprender del todo la lengua del mensaje cristiano, fue, como narración figurativa, uno de los *leitmotivs* decisivos para la justificación del arte en Occidente.

Nuestra conciencia cultural vive ahora, en gran parte, de los frutos de esta decisión, esto es, de la historia del gran arte occidental, que desarrolló, a través del arte cristiano medieval y la renovación humanista del arte y la literatura griega y romana, un lenguaje de formas comunes para los contenidos comunes de una comprensión de nosotros mismos. Ello, hasta finales del siglo XVIII, hasta las grandes transformaciones sociales, políticas y religiosas con que comenzó el siglo XIX.

En Austria y en Alemania del Sur no hace falta describir con palabras la síntesis de contenidos cristianos y antiguos que tan vivamente espumea ante nosotros en las vigorosas oleadas de la creación artística del Barroco. Ciertamente, esta época del arte cristiano y de la tradición cristiano-antigua y cristiano-humanista también tuvo sus problemas, y sufrió sus transformaciones, la menor de las cuales no fue la influencia de la Reforma. Esta, por su parte, puso especialmente un nuevo género de arte en el centro de su atención: la forma de la música realizada en el canto comunitario, que volvía a animar desde la palabra el lenguaje artístico de la música —piénsese en Heinrich Schütz y en Johann Sebastian Bach—, continuando así con algo nuevo toda la gran tradición de música cristiana, una tradición sin rupturas, que comenzó con el coro, esto es, al fin y al cabo, con la unión del lenguaje hímnico latino y la melodía gregoriana cuyo don le había sido otorgado al Papa magno.

Sobre este telón de fondo, el problema, es decir, la pregunta por la justificación del arte, recibe una primera orientación. Podemos servirnos aquí de la ayuda de quienes han pensado antes la misma pregunta. Y ello sin negar que la nueva situación del arte que vivimos en nuestro siglo tiene que ser considerada, en realidad, como la ruptura con una tradición unificada cuya última gran oleada la representó el siglo XIX. Cuando Hegel, el gran maestro del idealismo especulativo, dio sus lecciones de estética, primero en Heidelberg y luego en Berlín, uno de sus motivos introductorios fue la doctrina del «carácter de pasado del arte».[2] Si se reconstruye y se medita de nuevo el planteamiento hegeliano, se descubre con asombro cuántas de nuestras propias preguntas dirigidas al arte se hallan preformuladas en él. Quisiera exponer esto, con toda brevedad, en una consideración introductoria, a fin de que conozcamos el motivo de que, en el avance de nuestras reflexiones, tengamos que volver a

2. Véase mi obra *Hegels Dialektik,* Tubinga, 1971, pág. 80 y sigs. (trad. esp.: *La Dialéctica de Hegel,* Cátedra, Madrid, 1971), y, sobre todo, el ensayo de Dieter Henrich «Kunst und Kunstphilosophie der Gegenwart. Überlengungen mit Rücksicht auf Hegel», en *Immanente Ästhetik-Ästhetische Reflexion. Lyrik als Paradigma der Moderne,* compilado por Wolfgang Iser, Munich 1966, así como mi recensión en: *Philosophische Rundschau* 15 (1968), págs. 291 y sigs.

cuestionar la evidencia del concepto dominante de arte, y de que tengamos que poner de manifiesto los fundamentos antropológicos sobre los que descansa el fenómeno del arte y desde los cuales podremos alcanzar una nueva legitimación.

El «carácter de pasado del arte» es una expresión de Hegel en la que éste formuló, agudizándola radicalmente, esa exigencia de la filosofía que pretende hacer de nuestro conocimiento mismo de la verdad un objeto de nuestro conocimiento, saber nuestro saber mismo de lo verdadero. Esta tarea y esta exigencia, que la filosofía había planteado desde siempre, sólo se cumpliría, a los ojos de Hegel, cuando comprendiera y reuniera en sí misma la verdad tal y como se manifiesta en su despliegue histórico en el tiempo. De ahí que la pretensión de la filosofía hegeliana fuese justamente elevar al concepto, también y sobre todo, la verdad del mensaje cristiano. Esto vale, incluso, para el más profundo misterio de la doctrina cristiana, el misterio de la Trinidad, del cual creo personalmente que, como desafío al pensamiento y como promesa que excede siempre los límites de la comprensión humana, ha dado vida constante al curso del pensamiento humano en Occidente.

De hecho, era la audaz pretensión de Hegel que su filosofía abarcaba incluso este misterio extremo de la doctrina cristiana —en el cual se desgastaba, se agudizaba, refinaba y profundizaba desde hacía siglos el pensamiento de filósofos y teólogos—, y que recogía toda la verdad de la misma en la forma del concepto. Aun sin exponer aquí esa síntesis dialéctica de una, digamos, Trinidad filosófica, de una permanente resurrección del espíritu en el modo que Hegel intentó, tenía que mencionarla, para que se pueda entender realmente la posición de Hegel respecto al arte y su enunciado sobre el carácter de pasado de éste. Pues a lo que Hegel se refiere no es, en primer término, al final de la tradición plástica cristiano-occidental, que entonces se había alcanzado realmente, según creemos hoy en día. Lo que él, en su tiempo, percibía no era la caída en el extrañamiento y la provocación, tal y como la vivimos hoy como contemporáneos del arte abstracto y no-objetual. Tampoco era la reacción de Hegel, seguramente, la que experimenta todo visitante del Louvre cuando entra en esa magnífica colección de la alta y madura pintura de Occidente y se ve asaltado, antes que nada, por los cuadros de revolución y de coronación del arte revolucionario de finales del siglo XVIII y comienzos del XIX.

Seguramente, Hegel no quería decir —¿cómo iba a hacerlo?— que con el Barroco y sus formas tardías del Rococó había entrado en la escena de la historia humana el último estilo de Occidente. El no sabía —lo que nosotros sí sabemos retrospectivamente— que entonces comenzaba el siglo del historicismo, y no presentía que, en el siglo XX, la valiente autoemancipación de las cadenas históricas del XIX convertiría en verdad, en otro sentido más audaz, el hecho de que todo el arte precedente aparezca como algo pasado. Al hablar del carácter de pasado del arte se refería más bien a que el arte ya no se entendía del modo espontáneo en que se había entendido en el mundo griego y en su representación de lo divino como algo evidente por sí mismo. En el mundo griego, la manifestación de lo divino estaba en las esculturas y en los templos, que se erguían en el paisaje abiertos a la luz meridional, sin cerrarse nunca a las fuerzas eternas de la naturaleza; era en la gran escultura donde lo divino se representaba visiblemente en figuras humanas moldeadas por manos humanas. La auténtica tesis de Hegel es que, para la cultura griega, Dios y lo divino se revelaban expresa y propiamente en la forma de su misma expresión artística, y que, con el Cristianismo y su nueva y más profunda intelección de la trascendencia de Dios, ya no era posible una expresión adecuada de su propia verdad en el lenguaje de las formas artísticas y en el lenguaje figurativo del discurso poético. La obra de arte había dejado de ser lo divino mismo que adornamos. La tesis del carácter de pasado del arte entraña que, con el fin de la Antigüedad, el arte tiene que aparecer como necesitado de justificación. Ya he sugerido que esta justificación la llevaron a cabo, en el curso de los siglos, la Iglesia cristiana y la fusión humanista con la tradición antigua de ese modo tan magnífico que llamamos arte cristiano de Occidente.

No se puede negar que el arte de entonces,

que se justificaba en una unión última con todo el mundo de su entorno, realizaba una integración evidente de la comunidad, la Iglesia y la sociedad, por un lado, y con la autocomprensión del artista creador, por otro. Pero nuestro problema es precisamente que esa integración ha dejado de ser evidente y, con ello, la autocomprensión colectiva del artista ya no existe (y no existe ya en el siglo XIX). Esto es lo que se expresa en la tesis de Hegel. Ya entonces comenzaron los grandes artistas a sentirse más o menos desarraigados en una sociedad que se estaba industrializando y comercializando, con lo que el artista encontró confirmada en su propio destino bohemio la vieja reputación de vagabundos de los antiguos juglares. En el siglo XIX, todo artista vivía en la conciencia de que la comunicación entre él y los hombres para los que creaba había dejado de ser algo evidente. El artista del siglo XIX no está en una comunidad, sino que se crea su propia comunidad con todo el pluralismo que corresponde a la situación y con todas las exageradas expectativas que necesariamente se generan cuando se tienen que combinar la admisión del pluralismo con la pretensión de que la forma y el mensaje de la creación propia son los únicos verdaderos. Esta es, de hecho, la conciencia mesiánica del artista del siglo XIX, que se siente como una especie de «nuevo redentor» (Immermann) en su proclama a la humanidad: trae un nuevo mensaje de reconciliación, y paga con su marginación social el precio de esta proclama, siendo un artista ya sólo para el arte.

Pero, ¿qué es todo eso frente al extrañamiento y la conmoción que las nuevas creaciones artísticas de nuestro siglo han llegado a exigir de nuestra autocomprensión como público?

Preferiría callar discretamente sobre lo difícil que es para los intérpretes, por ejemplo, tocar en una sala de conciertos una composición de música moderna. La mayoría de las veces pueden ponerla sólo en medio del programa; si no, los oyentes llegan tarde o se van antes de acabar: se expresa aquí una situación que antes no podía darse y sobre cuyo significado tenemos que meditar. Lo que se expresa es la escisión entre el arte como religión de la cultura, por un lado, y el arte como provocación del artista moderno, por otro. En la historia de la pintura del siglo XIX pueden rastrearse fácilmente los comienzos de esta escisión y la progresiva agudización del conflicto. La provocación moderna se preparaba ya en las segunda mitad del siglo XIX, al quebrarse uno de los presupuestos fundamentales por los que las artes plásticas de los siglos anteriores se comprendían a sí mismas: la validez de la perspectiva central.[3]

Esto se puede observar por primera vez en los cuadros de Hans von Marées, y más tarde se une a ello el gran movimiento revolucionario

3. Véase BOEHM, G., *Studien zur Perspektivität. Philosophie und Kunst in der Frühen Neuzeit*, Hiedelberg, 1969.

que alcanzó reconocimiento mundial gracias, sobre todo, a la maestría de Paul Cézanne. Por supuesto que la perspectiva central no es un dato obvio dentro de la visión y la creación plástica. No existió en absoluto durante la Edad Media cristiana. Fue en el Renacimiento, en esa época del vigoroso resurgir del gozo por la construcción científica y matemática, cuando la perspectiva central, considerada una de las grandes maravillas del progreso humano en el arte y la ciencia, se convirtió en obligatoria para la pintura. Sólo cuando hemos ido dejando gradualmente de esperar una perspectiva central en la pintura, y de contemplarla como algo obvio, se nos han abierto realmente los ojos para el gran arte de la alta Edad Media, para el tiempo en que el cuadro aún no se desvanecía como una mirada que otea y se aleja por la ventana desde el inmediato primer plano hasta el horizonte, sino que podía leerse claramente como una escritura de signos, una escritura de signos figurativos que a la vez nos instruía intelectualmente y elevaba nuestro espíritu.

Así, la perspectiva central resultó ser sólo una forma histórica y pasajera de nuestra creación plástica. Pero su desmoronamiento fue el precedente de desarrollos de la creación contemporánea, que llegarían mucho más lejos y que resultarían mucho más extraños para nuestra tradición artística. Traigo aquí a la memoria la destrucción cubista de la forma, en la que se ejercitaron, al menos durante un tiempo, casi todo los grandes artistas alrededor de 1910, y la conversión de esta ruptura cubista de la tradición en la completa eliminación de toda referencia a un objeto para formar la figura. Queda todavía abierta la cuestión de si esa supresión de nuestras expectativas objetuales ha sido total. Pero una cosa es segura: la ingenua obviedad de que un cuadro es una visión de algo —como en el caso de la visión de la naturaleza o de la naturaleza configurada por el hombre, que la experiencia cotidiana nos proporciona— ha quedado clara y radicalmente destruida. Ya no se puede ver *uno intuitu* un cuadro cubista o una pintura no objetual, como una mirada que se limite a recibir pasivamente. Para ver, hay que llevar a cabo una actividad muy especial: hay que sintetizar personalmente las diversas facetas cuyos trazos aparecen en el lienzo; y luego, tal vez sea uno arrebatado y elevado por la profunda armonía y corrección de la obra, igual que ocurría antiguamente, sin problema alguno, sobre la base de la comunidad de contenido del cuadro. Habrá que cuestionarse lo que esto significa para nuestra meditación. O recordaré también la música moderna y el vocabulario, totalmente nuevo, de armonía y disonancia que se usa en ella, la peculiar concentración y con la arquitectura de la frase del gran clasicismo musical. Uno no puede sustraerse a ello, como tampoco al hecho de que, cuando visita un museo y entra en las salas donde están expuestos los desarrollos artísticos más recientes, siempre deja algo tras de sí. Si uno se ha abierto a lo nuevo, advierte después, al volverse hacia lo antiguo, un particular desvanecimiento de su receptividad. Ciertamente, se trata de una reacción de contraste; pero justamente así se hace clara la agudeza del contraste entre las formas nuevas de arte y las viejas.

Recordaré asimismo la poesía hermética, que, desde siempre, ha merecido un interés especial por parte de los filósofos. Pues, allí donde ningún otro entiende, parece que se convoca al filósofo. De hecho, la poesía de nuestro tiempo ha llegado hasta el límite de lo comprensible significativamente y, quizá, las mayores realizaciones de los más grandes artistas de la palabra están marcadas por un trágico enmudecer en lo indecible.[4] Recordaré el drama moderno, para el cual hace mucho que la doctrina clásica de tiempo y acción suena como un cuento olvidado, y que incluso vulnera consciente y enfáticamente la unidad del carácter dramático; aún más, donde, como es el caso de Bertolt Brecht, tal vulneración se convierte en el principio formal de la nueva creación dramática. O recordaré, finalmente, la arquitectura moderna: en qué liberación —¿o tentación?— se ha convertido el poder oponerse, con la ayuda de los nuevos materiales, a las leyes tradicionales de la estática y construir algo que ya no se parece en nada a las construc-

4. Véase mi ensayo «Verstummen die Dichter?», en *Zeitwende, Die neue Furche* 5 (1970) pág. 364 y sigs., también en *Kleine Schriften* IV, Tubinga, 1977.

ciones de piedra sobre piedra, representando más bien una creación totalmente nueva. Esos edificios puestos de punta, por así decirlo, o sustentados por finas y débiles columnas donde las paredes y muros protectores han sido sustituidos por la apertura de tejados y cubiertas que semejan tiendas de campaña. Este breve repaso sólo pretendía hacer ver lo que realmente ha ocurrido, y por qué el arte de hoy nos está planteando una nueva pregunta. Quiero decir por qué la comprensión de lo que es el arte hoy en día representa una tarea para el pensamiento.

Quisiera desplegar esta tarea en varios planos diferentes. Partiremos primero del principio básico de que, al pensar sobre esta cuestión, tenemos que abarcar tanto el gran arte del pasado y de la tradición como el arte moderno, pues éste no sólo no se contrapone a aquél, sino que ha extraído de él sus propias fuerzas y su impulso. Un primer presupuesto será que ambos son arte, que ambos han de ser considerados conjuntamente. No es sólo que ningún artista de hoy podría haber desarrollado sus propias audacias si no estuviese familiarizado con el lenguaje de la tradición, ni es sólo que el receptor de arte también esté permanentemente inmerso en la simultaneidad de pasado y presente. Porque no sólo lo está cuando va a un museo y pasa de una sala a otra, o cuando —tal vez contra su gusto— en un concierto, en una obra de teatro, se ve enfrentado al arte moderno, o incluso a la reproducción moderna de una obra clásica. Lo está siempre. Nuestra vida cotidiana es un caminar constante por la simultaneidad de pasado y futuro. Poder ir así, con ese horizonte de futuro abierto y de pasado irrepetible, constituye la esencia de lo que llamamos «espíritu». Mnemosine, la musa de la memoria, la musa de la apropiación por el recuerdo, que es quien dispone aquí, es a la vez la musa de la libertad espiritual. La memoria y el recuerdo, que recibe en sí el arte del pasado y la tradición de nuestro arte, expresan la misma actividad del espíritu que el atrevimiento de los nuevos experimentos con inauditas formas deformes. Tendremos que preguntarnos qué se sigue de esta unidad de lo que ha sido con lo que es hoy.

Pero esta unidad no es sólo una cuestión de nuestra propia comprensión estética. No se trata sólo de que nos hagamos conscientes de la profunda continuidad que conecta los lenguajes de formas artísticas del pasado con la ruptura de la forma del presente. En las pretensiones del artista moderno hay un agente social nuevo. Es una especie de oposición frontal a la religión de la cultura burguesa y a su ceremonial del placer lo que ha inducido de muchos modos al artista de hoy a incluir nuestra actividad entre sus propias pretensiones, tal como sucede con esas estructuras de la pintura cubista o conceptual, en las que el observador tiene que sintetizar paso a paso todas las facetas de los aspectos cambiantes. El artista tiene la pretensión de hacer de la nueva concepción del arte, a partir de la cual crea, a la vez una nueva solidaridad, una nueva forma de comunicación de todo con todos. Y, con ello, no me refiero sólo al hecho de que las grandes creaciones artísticas desciendan de mil maneras al mundo práctico y a la decoración de nuestro entorno, o, digamos mejor: no que descienden, sino que se difunden y se extienden, propiciando así una cierta unidad de estilo en nuestro mundo humanamente elaborado. Esto siempre ha sido así, y no cabe duda de que la tendencia constructivista que encontramos hoy en día en la arquitectura y en las artes plásticas tiene profundas repercusiones también en los aparatos que manejamos a diario en la cocina, la casa, el transporte y la vida pública. No es casual en absoluto que el artista supere en lo que crea la tensión entre las expectativas cobijadas en la tradición y los nuevos hábitos que él mismo contribuye a introducir. La situación de modernidad extrema, como muestra esta especie de tensión y de conflicto, es más que notable. Pone el pensamiento delante de su problema.

Dos cosas parecen concurrir aquí: nuestra coincidencia histórica y la reflexividad del hombre y del artista moderno. La conciencia histórica no es nada con lo que hayan de asociarse ideas demasiado eruditas o relativas a una concepción del mundo. Basta con pensar en lo que a cualquiera le resulta evidente cuando se ve enfrentado con una creación artística del pasado. Es evidente, que ni siquiera es consciente de acercarse a ella con una conciencia histórica. Reconoce los trajes del pasado como trajes históricos, y acepta que los cuadros con temas de la tradición presenten varios tipos de trajes históricamente diferentes; nadie se sorprende porque Altdorfer, en *La batalla de Alejandro*, haga desfilar héroes de aspecto evidentemente medieval y formaciones de tropa modernas, como si Alejandro Magno hubiera derrotado a los persas ataviado según le vemos ahí.[5] Estamos tan obviamente dispuestos para sintonizar históricamente que hasta me atrevería a decir que, si no lo estuviéramos, la corrección, es decir, la maestría en la configuración del arte antiguo no sería, tal vez, perceptible en absoluto. Quien todavía se dejara sorprender por lo diferente como diferente, tal como haría o hubiera hecho alguien sin ninguna educación histórica (de apenas queda alguno) no podría experimentar en su evidencia precisamente esa unidad de forma y contenido que pertenece claramente a la esencia de toda creación artística verdadera.

Por consiguiente, la conciencia histórica no es una postura metodológica especial, erudita o condicionada por una concepción del mundo, sino una especie de instrumentación de la espiritualidad de nuestros sentidos que determina de antemano nuestra visión y nuestra experiencia del arte. Con ello converge claramente el hecho —y también esto es una forma de reflexividad— de

5. Véase Reinhardt Koselleck, «Historia Magistra Vitae», en *Natur und Geschichte. Karl Löwith zum 70. Geburtstag*, a cargo de Hermann Braun y Manfred Riedel, Stuttgart, 1967.

que no solicitemos un reconocimiento ingenuo que nos vuelva a poner ante los ojos nuestro propio mundo con una validez compacta y duradera, sino que reflexionemos sobre toda la gran tradición de nuestra propia historia; más aún, reflexionamos del mismo modo sobre las tradiciones y las formas artísticas de otros mundos y culturas que no han determinado la historia occidental, pudiendo, precisamente así, hacerlas nuestras en su alteridad. Es una elevada reflexividad que todos poseemos y que potencia al artista de hoy en su propia productividad. Claramente, es tarea de los filósofos discutir cómo puede ocurrir eso de un modo tan revolucionario y por qué la conciencia histórica y su nueva reflexividad se enlazan con la pretensión irrenunciable de que lo que vemos esté ahí y nos interpele de modo inmediato, como si nosotros mismos fuésemos ello. Por eso, considero que el primer paso de nuestro trabajo es profundizar en los conceptos precisos para esta cuestión. Expondré, en primer lugar, los medios conceptuales de la *estética filosófica* con los cuales vamos a abordar el tema expuesto, y después mostraré que los tres conceptos enunciados en el tema tienen una importancia de primer orden: la vuelta al concepto de *juego;* la elaboración del concepto de *símbolo,* esto es, de la posibilidad de reconocernos a nosotros mismos; y, finalmente, la *fiesta* como el lugar donde se recupera la comunicación de todos con todos.

Es tarea de la filosofía encontrar lo común

también en lo diferente. συνορᾶν εἰς ἓν εἶδος —«Aprender a ver todo junto en lo uno»—; ésta es, para Platón, la tarea del filósofo dialéctico. Podemos preguntarnos entonces qué medios pone a nuestra disposición la tradición filosófica para solucionar la tarea que nos hemos propuesto, o simplemente, para llevarnos a una autocomprensión más clara. Se trata de la tarea de tender un puente sobre la enorme falla que hay entre la tradición formal y temática de las artes plásticas de Occidente y los ideales de los creadores actuales. La palabra «arte» nos dará una primera orientación. Nunca debemos subestimar lo que una palabra pueda decirnos. La palabra es un anticipo del pensar consumado ya antes que nosotros. Así, la palabra «arte» ha de ser en este caso el punto de partida de nuestra orientación. Todo el que tenga una formación histórica mínima sabe que hace menos de doscientos años que esta palabra, «arte», tiene el sentido ilustre y excluyente con que actualmente la asociamos. En el siglo XVII, todavía se tenía que decir «las *bellas* artes» al referirse al arte. Porque, junto a ellas, estaban las artes mecánicas, artes en el sentido de técnica, de producción industrial y artesanal, que constituyen, con mucho, el ámbito más amplio de la práctica productiva humana. De ahí que en la tradición filosófica no encontremos un concepto de arte en el sentido nuestro. Lo que podemos aprender de los padres del pensamiento occidental, de los griegos, es, precisamente, que el arte se engloba dentro del concepto genérico de lo que Aristóteles llamaba ποιητιχὴ ἐπιστήμη, es decir, el saber y la capacidad del producir.[6] Lo que es común a la producción del artesano y a la creación del artista, y lo que distingue a un saber semejante de la teoría o del saber y de la decisión práctico-política es el desprendimiento de la obra respecto del propio hacer. Esto forma parte de la esencia del producir, y habrá que tenerlo en mente si se quiere entender y juzgar en sus límites la crítica al concepto de obra que los modernos dirigen contra el arte de la tradición y el disfrute burgués de la cultura asociado a él. Sale una obra a la luz. Eso es claramente un rasgo común. La obra, en cuanto objetivo intencional de un esfuerzo regulado, queda libre como lo que es, emancipada del hacer que la produjo. Pues la obra, por definición, está destinada al uso. Platón solía destacar que el saber y la capacidad de la producción están subordinados al uso, y dependen del saber de aquel que vaya a usar la obra.[7] El ejemplo platónico es que el navegante es quien determina lo que ha de fabricar el constructor de barcos. Por consiguiente, el concepto de obra remite a una esfera de uso común, y con ello a una comunidad de comprensión, a una comunicación inteligible. Ahora bien, la verdadera cuestión es, entonces, cómo se diferencia, dentro de ese concepto genérico de saber productivo, el «arte» de las artes

6. Aristóteles, *Metafísica 6.*
7. Platón, *República* 601 d,e.

mecánicas. La respuesta de los antiguos, que aún nos ha de dar que pensar, es que se trata de un hacer imitativo, de imitación. La imitación se refiere en este caso al horizonte entero de la *physis*, de la naturaleza. El arte es «posible» porque, en su hacer figurativo, la naturaleza deja todavía algo por configurar, le cede al espíritu humano un vacío de configuraciones para que lo rellene. Ahora bien, como, a diferencia de esa actividad figurativa general de la producción, el arte que nosotros llamamos «arte», en tanto que la obra no es realmente lo que representa, sino que actúa imitativamente, está cargado de toda suerte de enigmas, surgen aquí una gran cantidad de problemas filosóficos extremadamente sutiles y, sobre todos ellos, el problema de la apariencia óntica. ¿Qué significa eso de que aquí no se produce nada real, sino algo cuyo «uso», en vez de ser un verdadero utilizar, se cumple de modo peculiar en un demorarse contemplativo en la apariencia? Todavía tendremos que decir algo sobre esto. Pero, en principio, está claro que no se puede esperar ninguna ayuda inmediata de los griegos, si ellos consideraban lo que nosotros llamamos arte como, en el mejor de los casos, una especie de imitación de la naturaleza. Tal imitación, desde luego, no tiene nada que ver con la miopía naturalista o realista de la moderna teoría del arte. Así puede confirmarlo una célebre cita de la *Poética,* donde Aristóteles dice: «La poesía es más filosófica que la historia».[8] Pues,

8. ARISTÓTELES, *Poética* 1451 b 5.

mientras la historia tan sólo narra lo que ha sucedido, la poesía cuenta lo que siempre puede suceder. Nos enseña a ver lo universal en el hacer y el padecer humanos. Y como lo universal es claramente tarea de la filosofía, el arte es más filosófico que la ciencia histórica, dado que dice lo universal. Esto es, al menos, una primera pista que nos deja la herencia de la antigüedad.

La segunda parte de nuestra inteligencia sobre la palabra «arte» nos dará otra pista de mayor alcance, y que también apunta más allá de los límites de la estética contemporánea. Arte quiere decir «bellas artes». Pero, ¿qué es lo bello?

Aún hoy, el *concepto de lo bello* nos sale al encuentro en múltiples expresiones en las que pervive algo del viejo sentido, en definitiva griego, de la palabra καλόν. También nosotros asociamos todavía, en ciertas circunstancias, el concepto de lo «bello» con algo que esté públicamente reconocido por el uso y la costumbre, o cualquier otra cosa; con algo que —como solemos decir— sea digno de verse y que esté destinado a ser visto. En la memoria de la lengua alemana aún pervive la expresión «*schöne Sittlichkeit*» (bella moralidad), con lo cual el idealismo alemán (Schiller, Hegel) caracterizaba el mundo moral y político griego, contraponiéndolo al mecanicismo sin alma del Estado moderno. «Bella moralidad» no significa aquí una moralidad llena de belleza, en el sentido de pompa y magnificencia ornamental, sino una moralidad que se presenta y se vive en todas las formas de la vida comunitaria, según la cual se ordena el todo y que, de este modo, hace que los hombres se encuentren constantemente consigo mismos en su propio mundo. También para nosotros sigue resultando convincente la determinación de «lo bello» como algo que goza del reconocimiento y de aprobación general. De ahí que para nuestra sensibilidad más natural, al concepto de lo «bello» pertenezca el hecho de que no pueda preguntarse por qué gusta. Sin ninguna referencia a un fin, sin esperar utilidad alguna, lo bello se cumple en una suerte de autodeterminación y transpira el gozo de representarse a sí mismo. Hasta aquí en lo que se refiere a la palabra.

¿Dónde sale lo bello al encuentro de tal modo que se cumpla su esencia de modo más convincente? Para conquistar de antemano todo el horizonte real del problema de lo bello y, tal vez, también de lo que el arte «es», ha de recordarse que, para los griegos, el cosmos, el orden del cielo, representa la auténtica manifestación visible de lo bello. Hay un elemento pitagórico en la idea griega de lo bello. En el orden regular de los cielos poseemos una de las mayores manifestaciones visibles de orden. Los períodos del año, de los meses, la alternancia del día y la noche constituyen las constantes fiables de la experiencia del orden en nuestra vida, justamente en contraste con la equivocidad y versatilidad de nuestros propios afanes y acciones humanos.

Orientado de esta manera, el concepto de lo

bello cobra, especialmente en el pensamiento platónico, una función que ilumina ampliamente nuestro problema. En el *Fedro,* Platón describe en forma de gran mito la determinación del hombre, su limitación frente a los dioses y su caída en la pesadez terrenal de la existencia corporal y sensible. Nos describe la espléndida procesión de todas las almas, en la cual se refleja la procesión nocturna de las estrellas. Es una especie de viaje en carro por la cumbre de la bóveda del firmamento, bajo la conducción de los dioses del Olimpo. Las almas humanas viajan igualmente en carros tirados por caballos, siguiendo a los dioses, los cuales realizan esta procesión cada día. Arriba, en la bóveda del firmamento, se ofrece a la mirada el mundo verdadero. Y lo que allí se ve ya no es este tráfago anárquico y cambiante de nuestra llamada experiencia terrenal, sino las verdaderas constantes y las configuraciones permanentes del ser. Y, entonces, mientras los dioses se abandonan plenamente a la contemplación de este mundo verdadero, las almas humanas se ven entorpecidas por la desobediencia de sus corceles. Como lo sensible de las almas humanas desconcierta su mirada, sólo pueden echar un vistazo rápido y fugaz a ese orden eterno. Mas luego caen a tierra y quedan separadas de la verdad, de la cual sólo conservan un vaguísimo recuerdo. Y aquí hemos llegado a lo que quería narrar. Para el alma desterrada a la pesadez terrenal, que ha perdido sus alas, por así decirlo, y no puede volver a impulsarse hasta las alturas de lo verdadero, existe una experiencia por la cual le vuelve a crecer el plumaje y se eleva de nuevo. Es la experiencia del amor y de la belleza, del amor a la belleza. En unas descripciones maravillosas, sumamente barrocas, Platón concibe juntas estas vivencias del amor que despierta con la percepción espiritual de lo bello y del orden verdadero del mundo. Gracias a lo bello se consigue con el tiempo de nuevo el recuerdo del mundo verdadero. Este es el camino de la filosofía. El llama bello a lo que más brilla y más nos atrae, por así decirlo, a la visibilidad del ideal. Eso que brilla de tal manera ante todo lo demás, que lleva en sí tal luz de verdad y rectitud, es lo que percibimos como bello en la naturaleza y en el arte, y lo que nos fuerza a afirmar que «eso es lo verdadero».

La enseñanza importante que podemos extraer de esta historia es precisamente que la esencia de lo bello no estriba en su contraposición a la realidad, sino que la belleza, por muy inesperadamente que pueda salirnos al encuentro, es una suerte de garantía de que, en medio de todo el caos de lo real, en medio de todas sus perfecciones, sus maldades, sus finalidades y parcialidades, en medio de todos sus fatales embrollos, la verdad no está en una lejanía inalcanzable, sino que nos sale al encuentro. La función ontológica de lo bello consiste en cerrar el abismo abierto entre lo ideal y lo real. Así, el calificativo del arte, «bellas artes», nos ha dado una segunda pista de importancia esencial para nuestra reflexión.

El tercer paso nos conduce de modo inmediato a lo que, en la historia de la filosofía, se llama *estética*. La estética es una invención muy tardía, y, aproximadamente, coincide —lo que ya es bastante significativo— con la aparición del sentido eminente de arte separado del contexto de la práctica productiva, y con su liberación para esa función cuasi-religiosa que tiene para nosotros el concepto de arte y todo lo referido a él.

Como disciplina filosófica, la estética no surgió hasta el siglo XVIII; es decir, la época del Racionalismo. Lo hizo claramente provocada por este mismo racionalismo moderno, que se alzaba sobre la base de las ciencias naturales constructivas, conforme éstas se habían desarrollado en el siglo XVII, determinando hasta hoy la faz de nuestro mundo al transformarse en tecnología a una velocidad vertiginosa.

¿Qué fue lo que llevó a la filosofía a reflexionar sobre lo bello? Comparada con la orientación global del Racionalismo hacia la matematización de la regularidad de la naturaleza y con el significado que esto tuvo para el dominio de las fuerzas naturales, la experiencia de lo bello y del arte parece un ámbito de arbitrariedades subjetivas en grado sumo. Pues ése había sido el gran avance del siglo XVII. ¿Qué puede reclamar aquí realmente el fenómeno de lo bello? Lo que hemos recordado de la Antigüedad puede, al menos, explicarnos que en lo bello y en el arte reside una significatividad que va más allá de todo lo conceptual. ¿Cómo se concibe esa verdad? Alexander Baumgarten, el fundador de la estética filosófica, habla de una *cognitio sensitiva,* de un «conocimiento sensible». En la gran tradición gnoseológica que cultivamos desde los griegos, «conocimiento sensible» es, en principio, una paradoja. Algo sólo es conocimiento cuando ha dejado atrás su dependencia de lo subjetivo y de lo sensible, y comprende la razón, lo universal y la ley de las cosas. En su singularidad, lo sensible aparece sólo como un simple caso de legalidad universal. Pues, ciertamente, ni en la naturaleza ni en el arte, la experiencia de lo bello consiste en comprobar que sólo se encuentra lo que se había calculado previamente y anotarlo como un caso particular más del universal. Una puesta de sol que nos encanta no es un caso más de puesta de sol, sino que es una puesta de sol única que escenifica ante nosotros «el drama del cielo». En el ámbito del arte, resulta absolutamente evidente que la obra de arte no es experimentada como tal si se la clasifica sin más dentro de una cadena de relaciones. Su «verdad», la verdad que la obra de arte tiene para nosotros, no estriba en una conformidad a leyes universales para que acceda por ella a su manifestación. Antes bien, *cognitio sensitiva* quiere decir que también en lo que, aparentemente, es sólo lo particular de una experiencia sensible que solemos referir a un universal hay algo que, de pronto, a la vista de la belleza, nos detiene y nos fuerza a demorarnos en eso que se manifiesta individualmente.

¿Qué es lo que nos atañe de todo eso? ¿Qué es lo que podemos conocer aquí? ¿Qué tiene esa individualidad aislada de importante y significativo para reivindicar que también ella es verdad, que el «universal», tal como se formula matemáticamente en las leyes físicas, no es lo único verdadero? Encontrar una respuesta a este interrogante constituye la tarea de la estética filosófica.[9] Y, para reflexionar sobre este problema, me parece que es útil preguntarse cuál de las artes nos promete la respuesta más adecuada a esta cuestión. Sabemos cuán variado es el espectro de las creaciones artísticas humanas, y qué distintos son, por ejemplo, el arte transitorio de la música o la palabra de las artes estatuarias, esto es, las artes plásticas o la arquitectura. Los medios con que actúa la creación artística humana permiten ver lo mismo bajo luces muy diferentes. Históricamente, se nos ha señalado una respuesta. Baumgarten definió una vez la estética como el «*ars pulchri cogitandi*», el arte de pensar bellamente. Quien sepa escuchar habrá advertido enseguida que la definición está formada por analogía con la definición de la retórica como *ars bene discendi*, como el arte de hablar bien. Esto no es casual. Desde muy antiguo, la retórica y la poética se corresponden mutuamente, teniendo la retórica, en cierto modo,

9. Véase BAEUMLER, A., *Kants Kritik der Urteilskraft, ihre Geschichte und Systematik*, vol. 1, Halle, 1923, Introducción.

la primacía. Esta es la forma universal de la comunicación humana, e incluso hoy sigue determinando nuestra vida social mucho más profundamente que la ciencia. Para la retórica, la definición clásica de *ars bene dicendi*, arte de hablar bien, resulta convincente de inmediato. Está claro que Baumgarten se apoyó en esta definición de retórica para definir la estética como el arte de pensar bellamente. Aquí hallamos un importante indicio de que las artes relacionadas con la palabra poseen, quizás, una función especial para resolver la tarea que nos hemos planteado. Ello es tanto más importante cuanto que los conceptos que guían nuestras consideraciones estéticas suelen estar orientados a la inversa. Es casi siempre a las artes plásticas a las que se dirige nuestra reflexión y a las que aplicamos más fácilmente nuestros conceptos estéticos. Esto tiene sus razones; no sólo porque es más fácil referirse a una pintura o estatua, a diferencia del transitorio fluir de una obra de teatro y de una composición musical o poética, que sólo existen como un susurro pasajero. Sino, sobre todo, porque la herencia platónica está todavía omnipresente en nuestra reflexión sobre lo bello. Platón piensa el ser verdadero como el prototipo, y toda realidad aparente como una copia de esa imagen primigenia. En lo que al arte se refiere, esto resulta muy convincente si uno se aleja de todo sentido trivial. Así, para comprender la experiencia del arte, se está tentado de bucear en las profundidades del vocabulario místico y aventurar palabras nuevas como *Anbild,** una expresión en la que se pueden concentrar la visión (*Anblick*) de la imagen y la imagen (*Bild*) misma. Pues lo cierto es que, en un mismo proceso, extraemos con la vista, por así decirlo, la imagen de las cosas y nos figuramos su imagen en ellas. Y así, es la imaginación, la facultad del hombre para figurarse una imagen, la facultad a la que se orienta sobre todo el pensamiento estético.

Ahí radica el gran logro de Kant, con el cual sobrepasó ampliamente al fundador de la estética, el racionalista prekantiano Alexander Baumgarten. Kant fue el primero en reconocer una pregunta propiamente filosófica en la experiencia del arte y de lo bello.[10] El buscaba una respuesta a la pregunta de qué es lo que debe ser vinculante en la experiencia de lo bello cuando «encontramos que algo es bello» para que no se exprese una mera reacción subjetiva del gusto. Pues aquí, desde luego, no hay una universalidad como la de las leyes físicas, que explican la individualidad de lo sensible como un caso más. ¿Qué verdad encontramos en lo bello que se hace comunicable? Con seguridad, ninguna verdad y ningu-

* La palabra *Anbild*, en desuso en alemán, no tiene un equivalente castellano que conserve el sentido del texto. El diccionario de los hermanos Grimm la define como más débil que la copia (*Abbild*), en cierto modo, sólo la imagen (*Bild*) puesta, el arquetipo (*Vorbild*) suspendido delante de los ojos. [T.]

10. KANT, *Kritik der Urteilskraft*, Berlín, 1790. (Trad. esp. de Manuel García Morente, Espasa-Calpe.)

na universalidad en las que podamos emplear la universalidad del concepto o del entendimiento. Y, sin embargo, la clase de verdad que nos sale al encuentro en la experiencia de lo bello reivindica de modo inequívoco que su validez no es meramente subjetiva. Eso significaría que carece de carácter vinculante y de rectitud. El que cree que algo es bello no dice sólo que le gusta, como podría gustarle una comida, por ejemplo. Si yo encuentro bello algo, entonces quiero decir que *es* bello. O, para decirlo con Kant: «Exijo la aprobación universal». Esta exigencia de aprobación a todo el mundo no significa precisamente que pueda convencerle arengándole con un discurso. No es ésa la forma en que puede llegar a ser universal un buen gusto. Antes bien, el sentido de cada individuo para lo bello tiene que ser cultivado hasta que pueda llegar a distinguir lo más bello de lo menos bello. Y esto no sucede mediante la capacidad para aducir buenas razones, o incluso pruebas concluyentes del propio gusto. El campo de una crítica artística que intente hacer algo semejante se diluirá entre las constataciones «científicas» y un sentido de la calidad que determina el juicio que no puede ser sustituido por ninguna cientificación. La «crítica», es decir, el diferenciar lo bello de lo menos bello, no es, propiamente, un juicio posterior, un juicio que subsuma científicamente lo bello bajo conceptos, o que haga apreciaciones comparativas sobre la calidad: la crítica es la experiencia misma de lo bello. Resulta muy significativo que el juicio del gusto, esto es, el encontrar bello algo visto en el fenómeno y exigido a todos como tal, fuera ilustrado primariamente por Kant mediante la belleza natural y no mediante la obra de arte. Es esta belleza «sin significado» la que nos previene de reducir lo bello del arte a conceptos.

Hemos traído a colación la tradición filosófica de la estética sólo como ayuda para el problema que nos hemos planteado: ¿en qué sentido puede incluirse lo que el arte fue y lo que el arte es hoy en un mismo concepto común que abarque a ambos? El problema estriba en que no se puede hablar de un gran arte que pertenezca totalmente al pasado, ni de un arte moderno que sólo sea arte «puro» tras haber repudiado todo lo que esté sujeto a alguna significación. Es un estado de cosas curioso. Si meditamos detenidamente por un momento qué es lo que queremos decir con arte y de qué hablamos cuando hablamos de arte, resulta la siguiente paradoja: el llamado arte clásico que tenemos a la vista es una producción de obras que, en sí mismas, no eran primariamente entendidas como arte, sino como configuraciones que se encontraban en sus respectivos ámbitos, religioso o secular, de la vida, como una ornamentación del modo de vida propio y de los actos consiguientes: el culto, la representación del poderoso, y cosas semejantes. Pero, desde el momento en que el concepto de «arte» adoptó el tono que para nosotros le es propio y la obra de arte empezó a existir totalmente por sí misma, desprendida de toda relación con la vida, convirtiéndose el arte en arte, es decir, en *musée imaginaire* en el sentido de Malraux, desde que el arte no quiso ser ya nada más que arte, comenzó la gran revolución artística, que ha ido acentuándose en la modernidad hasta que el arte se ha liberado de todos los temas de la tradición figurativa y de toda inteligibilidad de la proposición, volviéndose discutible en ambos lados: ¿es esto todavía arte? ¿De verdad que eso pretende ser arte? ¿Qué se oculta en esta paradoja? ¿Acaso el arte ha sido siempre arte, y nada más que arte?

Ya habíamos alcanzado una cierta orientación para proseguir por este camino, por cuanto Kant fue el primero en defender la autonomía de lo estético respecto de los fines prácticos y el concepto teórico. Lo hizo con la célebre fórmula de la «satisfacción desinteresada» que es el goce de lo bello. Evidentemente, «satisfacción desinteresada» quiere decir aquí: no tener ningún interés práctico en lo que se manifiesta o en lo «representado». «Desinteresado» significa aquí tan sólo lo que caracteriza al comportamiento estético, por lo cual nadie haría con sentido la pregunta por el para qué, por la utilidad: «¿Para qué sirve sentir goce en aquello en lo que se siente goce?»

Ciertamente, esto no deja de ser la descripción de un modo relativamente exterior de acceder al arte, a saber, la experiencia del gusto estético. Todo el mundo sabe que, en la experiencia estética, el gusto representa el momento nivelador. En tanto que momento nivelador, sin embargo, se caracteriza también como «sentido común», como dice Kant con razón.[11] El gusto es comunicativo, representa lo que, en mayor o menor grado, nos marca a todos. Un gusto que fuese sólo subjetivo-individual resultaría absurdo en el ámbito de la estética. En este sentido, le debemos a Kant el haber comprendido por primera vez la pretensión estética de una validez que no se subsuma bajo conceptos teleológicos. Pero, ¿cuáles son entonces las experiencias en las que mejor se cumple este ideal de una satisfacción libre y desinteresada? Kant piensa en «lo bello de la naturaleza»; por ejemplo, en la belleza del dibujo de una flor o también en un tapiz decorativo cuyo juego de líneas nos ofrezca una cierta elevación del sentimiento vital. La función del arte decorativo es desempeñar ese papel secundario. Por consiguiente, serán bellas y nada más que bellas las cosas de la naturaleza en las que no se pone ningún sentido humano, o las cosas configuradas por el hombre que conscientemente se sustraigan a toda imposición de sentido y sólo representen un juego de formas y colores. Nada hay aquí que deba ser conocido o reconocido. Desde luego, no hay nada más espantoso que un tapiz chillón cuyo contenido, con su representación figurativa, atraiga fuertemente la atención hacia sí. Los sueños febriles de nuestra infancia pueden decirnos mucho acerca de eso. De lo que se trata en esta descripción es de que,

11. KANT, *Crítica del Juicio*, §§ 22, 40.

en ella, el movimiento estético de la satisfacción sólo entra en juego sin una comprensión mediante conceptos, es decir, sin que sea visto o entendido algo *como algo*. Mas ésta era sólo la descripción correcta de un caso extremo. En él queda patente que algo se acepta con satisfacción estética sin referirse a algo significativo, a algo, en definitiva, comunicable conceptualmente.

Pero no es ésta la cuestión que estamos tratando. Pues nuestra pregunta es: ¿qué es el arte? Y, ciertamente, no estamos pensando, en primer término, en las formas triviales de la artesanía decorativa. Evidentemente, un diseñador puede ser un artista de relieve, pero su trabajo tiene siempre un fin útil, que sirve para algo. Ahora bien, Kant caracterizó esto precisamente como la belleza auténtica o, según él la llamaba, la «belleza libre». «Belleza libre» quiere decir, por lo tanto, belleza libre de conceptos y de significado. Tampoco quiso decir Kant, evidentemente, que el ideal del arte fuera producir esa belleza libre de significado. En el caso del arte, siempre nos encontramos ya, en realidad, en una tensión entre la pura aspectualidad (*Aspekthaftigkeit*) de la visión y del *Anbild*, según lo he llamado, y el significado que adivinamos en la obra de arte y que reconocemos por la importancia que cada encuentro semejante con el arte tiene para nosotros. ¿En qué se basa este significado? ¿Qué es ese *plus* que se añade, y sólo por el cual llega la obra de arte a ser lo que es? Kant no quiso determinar ese *plus* desde el punto de vista del

contenido; eso es realmente imposible, por razones que todavía tendremos que ver. Pero su gran mérito fue no quedarse estancado en el formalismo del «juicio de gusto puro», sino que superó el «punto de vista del gusto» en favor del «punto de vista del genio».[12] Con una vívida intuición propia, el siglo XVIII había calificado de genio a Shakespeare por su ruptura con el gusto de la época, troquelado por el clasicismo francés. Y fue Lessing quien, en contra de las reglas clasicistas de la estética propias de la tragedia francesa, celebró —de un modo muy unilateral, dicho sea de paso— a Shakespeare como la voz de la naturaleza, cuyo espíritu creador se realiza como genio y en el genio.[13] De hecho, también Kant entiende el genio como una fuerza de la naturaleza; «el favorito de la naturaleza», le llama él, es decir, el que ha sido favorecido hasta tal punto por la naturaleza que, como ella, crea algo que parecería hecho según reglas, pero sin adaptarse conscientemente a ellas; más aún: algo que sería totalmente nuevo, creado según reglas no concebidas todavía. Eso es el arte: crear algo ejemplar sin producirlo meramente por reglas. Y en ello, desde luego, no hay que separar nunca realmente la determinación del arte como crea-

12. Véase mi análisis en *Wahrheit und Methode*, Tubinga, [4]1975, pág. 39 y sigs. (trad. esp.: *Verdad y Método*, Salamanca, 1977 pág. 75 y sigs.).

13. Véase KOMERELL, *Lessing und Aristoteles. Untersuchung über die Theorie der Tragödie*, Francfort, [4]1970.

ción del genio y la cogenialidad del receptor. En ambos se da un juego libre.

Semejante juego libre de la imaginación y del entendimiento también lo era el gusto. Se trata del mismo juego, pero destacado de otro modo, que se encuentra en la creación de la obra de arte, en tanto que tras las creaciones de la imaginación se articulan contenidos significativos que se abren a la comprensión o que permiten, como expresa Kant, «ampliar indeciblemente el campo de lo que se puede pensar». Evidentemente, eso no quiere decir que haya conceptos previos que proyectamos sin más en la representación del arte. Pues eso significaría subsumir lo dado intuitivamente como un caso de lo universal bajo lo universal. Pero la experiencia estética no es esto. Antes bien, ocurre que sólo en la visión de lo particular, de la obra de lo individual, «se pulsan los conceptos»* como dice Kant. Una bella expresión que procede del lenguaje musical del siglo XVIII y que alude especialmente a ese peculiar quedarse suspendido el sonido del instrumento preferido de esa época, el clavicordio, cuyo particular efecto consiste en que la nota sigue resonando mucho después de que se haya solta-

* La expresión alemana es «*in Anschlag bringen*», vertida habitualmente como «tener en cuenta». Véase *Crítica del Juicio*, § 48, pág. 218 de la traducción española en la edición de Espasa-Calpe. El término que proponemos, «pulsar», si bien podría ser incorrecto en otro contexto, parece ajustarse muy bien al sentido explicitado más adelante por Gadamer. [T.]

do la cuerda. Claramente, Kant se refiere a que la función del concepto es formar una especie de caja de resonancia que pueda articular el juego de la imaginación. Hasta aquí, todo está bien. En general, también el idealismo alemán reconoció el significado, o la idea, o como se lo quiera llamar, en el fenómeno, sin por ello hacer del concepto el punto de referencia propio de la experiencia estética. Pero, ¿puede resolverse así nuestro problema de la unidad de la tradición del arte clásico y el arte moderno? ¿Cómo debe entenderse la ruptura con la forma llevada a cabo por la creatividad artística moderna, el juego con todos los contenidos, que ha llegado hasta el punto de que nuestras expectativas se vean rotas constantemente? ¿Cómo hay que entender eso que los artistas de hoy, o ciertas corrientes del arte actual, califican precisamente de antiarte: el *happening*? A partir de aquí, ¿cómo hay que entender que Duchamp presente de pronto, aislado, un objeto de uso, y produzca con él una especie de *shock* estético? No se puede decir, por las buenas: «¡Vaya una extravagancia!» Duchamp ha puesto de manifiesto algo relativo a las condiciones de la experiencia estética. Pero, a la vista del uso experimental del arte de nuestros días, ¿cómo vamos a servirnos de los medios de la estética clásica? Obviamente para ello hace falta retroceder hasta experiencias humanas más fundamentales. ¿Cuál es la base antropológica de nuestra experiencia del arte? Esta pregunta tiene que desarrollarse en los conceptos de «juego, símbolo y fiesta».

I

Se trata, en especial, del concepto de *juego.* Lo primero que hemos de tener claro es que el juego es una función elemental de la vida humana, hasta el punto de que no se puede pensar en absoluto la cultura humana sin un componente lúdico. Pensadores como Huizinga, Guardini y otros han destacado hace mucho que la práctica del culto religioso entraña un elemento lúdico. Merece la pena tener presente el hecho elemental del juego humano en sus estructuras para que el elemento lúdico del arte no se haga patente sólo de un modo negativo, como libertad de estar sujeto a un fin, sino como un impulso libre. ¿Cuándo hablamos de juego, y qué implica ello? En primer término, sin duda, un movimiento de vaivén que se repite continuamente. Piénsese, sencillamente, en ciertas expresiones como, por ejemplo «juego de luces» o el «juego de las olas», donde se presenta un constante ir y venir, un vaivén de acá para allá, es decir, un movimiento que no está vinculado a fin alguno. Es claro que lo que caracteriza al vaivén de acá para allá es que ni uno ni otro extremo son la meta final del movimiento en la cual vaya éste a detenerse. También es claro que de este movimiento forma parte un espacio de juego. Esto nos dará que pensar, especialmente en la cuestión del arte. La libertad de movimientos de que se habla aquí implica, además, que este movimiento ha de tener la forma de un automovimiento. El automovimiento es el carácter fundamental de lo viviente en general. Esto ya lo describió Aristóteles, formulando con ello el pensamiento de todos los griegos. Lo que está vivo lleva en sí mismo el impulso de movimiento, es automovimiento. El juego aparece entonces como el automovimiento que no tiende a un final o una meta, sino al movimiento en cuanto movimiento, que indica, por así decirlo, un fenómeno de exceso, de la autorrepresentación del ser viviente. Esto es lo que, de hecho, vemos en la naturaleza: el juego de los mosquitos, por ejemplo, o todos los espectáculos de juegos que se observan en todo el mundo animal, particularmente entre los cachorros. Todo esto procede, evidentemente, del carácter básico de exceso que pugna por alcanzar su representación en el mundo de los seres vivos. Ahora bien, lo particular del juego humano estriba en que el juego también puede incluir en sí mismo a la razón, el carácter distintivo más propio del ser humano consistente en poder darse fines y aspirar a ellos conscientemente, y puede burlar lo característico de la razón conforme a fines. Pues la humanidad del juego humano reside en que, en ese juego de movimientos, ordena y disciplina, por decirlo así, su propios movimientos de juego como si tuviesen fines; por ejemplo, cuando un niño va contando cuántas veces bota el balón en el suelo antes de escapársele.

Eso que se pone reglas a sí mismo en la forma de un hacer que no está sujeto a fines es la razón. El niño se apena si el balón se le escapa al décimo bote, y se alegra inmensamente si llega hasta treinta. Esta racionalidad libre de fines que es propia del juego humano es un rasgo característico del fenómeno que aún nos seguirá ayudando. Pues es claro que aquí, en particular en el fenómeno de la repetición como tal, nos estamos refiriendo a la identidad, la mismidad. El fin que aquí resulta es, ciertamente, una conducta libre de fines, pero esa conducta misma es referida como tal. Es a ella a la que el juego se refiere. Con trabajo, ambición y con la pasión más seria, algo es referido de este modo. Es éste un primer paso en el camino hacia la comunicación humana; si algo se representa aquí, aunque sólo sea el movimiento mismo del juego, también puede decirse del espectador que «se refiere» al juego, igual que yo, al jugar, aparezco ante mí mismo como espectador. La función de representación del juego no es un capricho cualquiera, sino que, al final, el movimiento del juego está determinado de esta y aquella manera. El juego es, en definitiva, autorrepresentación del movimiento de juego.

Y podemos añadir, inmediatamente: una determinación semejante del movimiento de juego significa, a la vez, que al jugar exige siempre un «jugar-con». Incluso el espectador que observa al niño y la pelota no puede hacer otra cosa que seguir mirando. Si verdaderamente «le acompaña», eso no es otra cosa que la *participatio*, la participación interior en ese movimiento que se repite. Esto resulta mucho más evidente en formas de juego más desarrolladas: basta con mirar alguna vez, por ejemplo, al público de un partido de tenis por televisión. Es una pura contorsión de cuellos. Nadie puede evitar ese «jugar-con». Me parece, por lo tanto, otro momento importante el hecho de que el juego sea un hacer comunicativo también en el sentido de que no conoce propiamente la distancia entre el que juega y el que mira el juego. El espectador es, claramente, algo más que un mero observador que contempla lo que ocurre ante él; en tanto que *participa* en el juego, es parte de él. Naturalmente, con estas formas de juego no estamos aún en el juego del arte. Pero espero haber demostrado que es apenas un paso lo que va desde la danza cultual a la celebración del culto entendida como representación. Y que apenas hay un paso de ahí a la liberación de la representación, al teatro, por ejemplo, que surgió a partir de este contexto cultual como su representación. O a las artes plásticas, cuya función expresiva y ornamental creció, en suma, a partir de un contexto de vida religiosa. Una cosa se transforma en la otra. Que ello es así lo confirma un elemento común en lo que hemos explicitado como juego, a saber, que algo es *referido como algo*, aunque no sea nada conceptual, útil o intencional, sino la pura prescripción de la autonomía del movimiento.

Esto me parece extraordinariamente significativo para la discusión actual sobre el arte moderno. Se trata, al fin y al cabo, de la cuestión de la obra. Uno de los impulsos fundamentales del arte moderno es el deseo de anular la distancia que media entre audiencia, consumidores o público y la obra. No cabe duda de que todos los artistas importantes de los últimos cincuenta años han dirigido su empeño precisamente a anular esta distancia. Piénsese, por ejemplo, en la teoría del teatro épico de Bertolt Brecht, quien, al destruir deliberadamente el realismo escénico, las expectativas sobre psicología del personaje, en suma, la identidad de lo que se espera en el teatro, impugnaba explícitamente el abandono en el sueño dramático por ser un débil sucedáneo de la conciencia de solidaridad social y humana. Pero este impulso por transformar el distanciamiento del espectador en su implicación como co-jugador puede encontrarse en todas las formas del arte experimental moderno.

Ahora bien, ¿quiere esto decir que la obra ya no existe? De hecho, así lo creen muchos artistas —al igual que los teóricos del arte que les siguen—, como si de lo que se tratase fuera de renunciar a la unidad de la obra. Mas, si recordamos nuestras observaciones sobre el juego humano, encontrábamos incluso allí una primera experiencia de racionalidad, a saber, la obediencia a las reglas que el juego mismo se plantea, la identidad de lo que se pretende repetir. Así que allí estaba ya en juego algo así como la identidad hermenéutica, y ésta permanece absolutamente intangible para el juego del arte. Es un error creer que la unidad de la obra significa su clausura frente al que se dirige a ella y al que ella alcanza. La identidad hermenéutica de la obra tiene un fundamento mucho más profundo. Incluso lo más efímero e irrepetible, cuando aparece o se lo valora en cuanto experiencia estética, es referido en su mismidad. Tomemos el caso de una improvisación al órgano. Como tal improvisación, que sólo tiene lugar una vez, no podrá volverse a oír nunca. El mismo organista apenas sabe, después de haberlo hecho, cómo ha tocado, y no lo ha registrado nadie. Sin embargo, todos dicen: «Ha sido una interpretación genial», o, en otro caso, «Hoy ha estado algo flojo». ¿Qué queremos decir con eso? Está claro que nos estamos refiriendo a la improvisación. Para nosotros, algo «está» ahí; es como una obra, no un simple ejercicio del organista con los dedos. De lo contrario, no se harían juicios sobre la calidad de la improvisación o sobre sus deficiencias. Y así, es la identidad hermenéutica la que funda la unidad de la obra. En tanto que ser que comprende, tengo que identificar. Pues ahí había algo que he juzgado, que «he comprendido». Yo identifico algo como lo que ha sido o como lo que es, y sólo esa identidad constituye el sentido de la obra.

Si esto es correcto —y pienso que tiene en sí la evidencia de lo verdadero—, entonces no puede haber absolutamente ninguna producción artística posible que no *se refiera* de igual modo a lo que produce en tanto que lo que es. Lo confirma incluso el ejemplo límite de cualquier instrumento —pongamos por caso un botellero— que pasa de súbito, y con el mismo efecto, a ser ofrecido como si fuera una obra. Tiene su determinación en su efecto y en tanto que ese efecto que se produjo una vez. Es probable que no llegue a ser una obra duradera, en el sentido clásico de perdurabilidad; pero, en el sentido de la identidad hermenéutica, es ciertamente una «obra».

Precisamente, el concepto de obra no está ligado de ningún modo a los ideales clasicistas de armonía. Incluso si hay formas totalmente diferentes para las cuales la identificación se produce por acuerdo, tendremos que preguntarnos cómo tiene lugar propiamente ese ser-interpelados. Pero aquí hay todavía un momento más. Si la identidad de la obra es esto que hemos dicho, entonces sólo habrá una recepción real, una experiencia artística real de la obra de arte, para aquel que «juega-con», es decir, para aquel que, con su actividad, realiza un trabajo propio. ¿Cómo tiene lugar esto propiamente? Desde luego, no por un simple retener en algo la memoria. También en ese caso se da una identificación;

pero sin ese asentimiento especial por el cual la «obra» significa algo para nosotros. ¿Por medio de qué posee una «obra» su identidad como obra? ¿Qué es lo que hace de su identidad una identidad, podemos decir, hermenéutica? Esta otra formulación quiere decir claramente que su identidad consiste precisamente en que hay algo «que entender», en que pretende ser entendida como aquello a lo que «se refiere» o como lo que «dice». Es éste un desafío que sale de la «obra» y que espera ser correspondido. Exige una respuesta que sólo puede dar quien haya aceptado el desafío. Y esta respuesta tiene que ser la suya propia, la que él mismo produce activamente. El cojugador forma parte del juego.

Por experiencia propia, todos sabemos que visitar un museo, por ejemplo, o escuchar un concierto, son tareas de intensísima actividad espiritual. ¿Qué es lo que se hace? Ciertamente, hay aquí algunas diferencias: uno es un arte interpretativo; en el otro, no se trata ya de la reproducción, sino que se está ante el original colgado de la pared. Después de visitar un museo, no se sale de él con el mismo sentimiento vital con el que se entró: si se ha tenido realmente la experiencia del arte, el mundo se habrá vuelto más leve y luminoso.

La determinación de la obra como punto de identidad del reconocimiento, de la comprensión, entraña, además, que tal identidad se halla enlazada con la variación y con la diferencia. Toda obra deja al que la recibe un espacio de juego que tiene que rellenar. Puedo mostrarlo incluso con conceptos teóricos clasicistas. Kant, por ejemplo, tiene una doctrina muy curiosa. El sostiene la tesis de que, en pintura, la auténtica portadora de la belleza es la forma. Por el contrario, los colores son un mero encanto, esto es, una emocionalidad sensible que no deja de ser subjetiva y que, por lo tanto, no tiene nada que ver con la creación propiamente artística o estética.[14] Quien entienda de arte neoclásico —piénsese en Thorwaldsen, por ejemplo— admitirá que en este arte de marmórea palidez son la línea, el dibujo, la forma, los que, de hecho, ocupan el primer plano. Sin duda, la tesis de Kant está condicionada históricamente. Nosotros no suscribiríamos nunca que los colores son meros encantos. Pues sabemos que también es posible construir con los colores y que la composición no se limita necesariamente a las líneas y la silueta del dibujo. Mas lo que nos interesa ahora no es la parcialidad de ese gusto históricamente condicionado. Nos interesa sólo lo que Kant tiene claramente ante sus ojos. ¿Por qué destaca la forma de esa manera? Y la respuesta es: porque al verla hay que dibujarla, hay que construirla activamente, tal y como exige toda composición, ya sea gráfica o musical, ya sea el teatro o la lectura. Es un continuo ser-activo-con. Y es claro y manifiesto que, precisamente la identidad de la obra, que invita a esa actividad, no es una identidad arbi-

14. Kant, *Crítica del Juicio*, § 14.

traria cualquiera, sino que es dirigida y forzada a insertarse dentro de un cierto esquema para todas las realizaciones posibles.

Piénsese en la literatura, por ejemplo. Fue un mérito del gran fenomenólogo polaco Roman Ingarden haber sido el primero en poner esto de relieve.[15] ¿Qué aspecto tiene la función evocativa de una narración? Tomemos un ejemplo famoso: *Los hermanos Karamazov*. Ahí está la escalera por la que se cae Smerdiakov. Dostoievski la describe de un modo por el que se ve perfectamente cómo es la escalera. Sé cómo empieza, que luego se vuelve oscura y que tuerce a la izquierda. Para mí resulta palpablemente claro y, sin embargo, sé que nadie ve la escalera igual que yo. Y, por su parte, todo el que se haya dejado afectar por este magistral arte narrativo, «verá» perfectamente la escalera y estará convencido de verla tal y como es. He aquí el espacio libre que deja, en cada caso, la palabra poética y que todos llenamos siguiendo la evocación lingüística del narrador. En las artes plásticas ocurre algo semejante. Se trata de un acto sintético. Tenemos que reunir, poner juntas muchas cosas. Como suele decirse, un cuadro se «lee», igual que se lee un texto escrito. Se empieza a «descifrar» un cuadro de la misma manera que un texto. La pintura cubista no fue la primera en plantear esta tarea —si bien lo hizo, por cier-

15. INGARDEN, *Das Literarische Kunstwerk*, Tubinga, [4]1972.

to, con una drástica radicalidad— al exigirnos que hojeásemos, por así decirlo, sucesivamente las diversas facetas de lo mismo, los diferentes modos, aspectos, de suerte que al final apareciese en el lienzo lo representado en una multiplicidad de facetas, con un colorido y una plasticidad nuevas. No es sólo en el caso de Picasso, Bracque y todos los demás cubistas de entonces que «leemos» el cuadro. Es así siempre. Quien esté admirando, por ejemplo, un Ticiano o un Velázquez famoso, un Habsburgo cualquiera a caballo, y sólo alcance a pensar: «¡Ah! Ese es Carlos V», no ha visto nada del cuadro. Se trata de construirlo como cuadro, leyéndolo, digamos, palabra por palabra, hasta que al final de esa construcción forzosa todo converja en la imagen del cuadro, en la cual se hace presente el significado evocado en él, el significado de un señor del mundo en cuyo imperio nunca se ponía el sol.

Por tanto, quisiera decir, básicamente: siempre hay un trabajo de reflexión, un trabajo espiritual, lo mismo si me ocupo de formas tradicionales de creación artística que si recibo el desafío de la creación moderna. El trabajo constructivo del juego de reflexión reside como desafío en la obra en cuanto a tal.

Por esta razón, me parece que es falso contraponer un arte del pasado, con el cual se puede disfrutar, y un arte contemporáneo, en el cual uno, en virtud de los sofisticados medios de la creación artística, se ve obligado a participar. El concepto de juego se ha introducido precisamente para mostrar que, en un juego, todos son cojugadores. Y lo mismo debe valer para el juego del arte, a saber, que no hay ninguna separación de principio entre la propia confirmación de la obra de arte y el que la experimenta. He resumido el significado de esto en el postulado explícito de que también hay que aprender a leer las obras del arte clásico que nos son más familiares y que están más cargadas de significado por los temas de la tradición. Pero leer no consiste en deletrear y en pronunciar una palabra tras otra, sino que significa, sobre todo, ejecutar permanentemente el movimiento hermenéutico que gobierna la expectativa de sentido del todo y que, al final, se cumple desde el individuo en la realización de sentido del todo. Piénsese en lo que ocurre cuando alguien lee en voz alta un texto que no haya comprendido. No hay quien entienda lo que está leyendo.

La identidad de la obra no está garantizada por una determinación clásica o formalista cualquiera, sino que se hace efectiva por el modo en que nos hacemos cargo de la construcción de la obra misma como tarea. Si esto es lo importante de la experiencia artística, podemos recordar la demostración kantiana de que no se trata aquí de referirse a, o subsumir bajo un concepto una confirmación que se manifiesta y aparece en su particularidad. El historiador y teórico del arte Richard Hamann formuló una vez esta idea así: se trata de la «significatividad propia de la percepción».[16] Esto quiere decir que la percepción ya no se pone en relación con la vida pragmática en la cual funciona, sino que se da y se expone en su propio significado. Por supuesto que, para comprender en su pleno sentido esta formulación, hay que tener claro lo que significa percepción. La percepción no debe ser entendida como si la, digamos, «piel sensible de las cosas» fuera lo principal desde el punto de vista estético, idea que podía parecerle natural a Hamann en la época final del impresionismo. Percibir no es recolectar puramente diversas impresiones sensoriales, sino que percibir significa, como ya lo dice muy bellamente la palabra alemana, *wahrnehmen*, «tomar (*nehmen*) algo como verdadero (*wahr*)». Pero esto quiere decir: lo que se ofrece a los sentidos es visto y tomado como algo. Así, a partir de la reflexión de que el concepto de percepción sensorial que generalmente aplicamos como criterio estético resulta estrecho y dogmático, he elegido en mis investigaciones una formulación, algo barroca, que expresa la profunda dimensión de la percepción: la «no-distinción estética».[17] Quiero decir con ello que resultaría secundario que uno hiciera abstracción de lo que le interpela significativamente en la obra artística, y quisiera limitarse del todo a apreciarla «de un modo puramente estético».

Es como si un crítico de teatro se ocupase

16. Hamann, *Ästhetik*, Leipzig, 1911.
17. Gadamer, *Verdad y Método*, pág. 162 y sigs.

exclusivamente de la escenificación, la calidad del reparto, y cosas parecidas. Está perfectamente bien que así lo haga; pero no es ése el modo en que se hace patente la obra misma y el significado que haya ganado en la representación. Precisamente, es la no distinción entre el modo particular en que una obra se interpreta y la identidad misma que hay detrás de la obra lo que constituye la experiencia artística. Y esto no es válido sólo por las artes interpretativas y la mediación que entrañan. Siempre es cierto que la obra habla, en lo que es, cada vez de un modo especial y sin embargo como ella misma, incluso en encuentros reiterados y variados con la misma obra. Por supuesto que, en el caso de las artes interpretativas, la identidad debe cumplirse doblemente en la variación, por cuanto que tanto la interpretación como el original están expuestos a la identidad y la variación. Lo que yo he descrito como la no-distinción estética constituye claramente el sentido propio del juego conjunto de entendimiento e imaginación, que Kant había descubierto en el «juicio de gusto». Siempre es verdad que hay que pensar algo en lo que se ve, incluso sólo para ver algo. Pero lo que hay aquí es un juego *libre* que no apunta a ningún concepto. Este juego conjunto nos obliga a hacernos la pregunta de qué es propiamente lo que se construye por esta vía del juego libre entre la facultad creadora de imágenes y la facultad de entender por conceptos. ¿Qué es esa significatividad en la que algo deviene experimentable y experimentado como significativo para nosotros? Es claro que toda teoría pura de la imitación y de la reproducción, toda teoría de la copia naturalista, pasa totalmente por alto la cuestión. Con seguridad, la esencia de una gran obra de arte no ha consistido nunca en procurarle a la «naturaleza» una reproducción plena y fiel, un retrato. Como ya he mostrado con el Carlos V de Velázquez,* en la construcción de un cuadro se ha llevado a cabo, con toda certeza, un trabajo de estilización específico. En el cuadro están los caballos de Velázquez, que algo tienen de especial, pues siempre le hacen a uno acordarse primero del caballito de cartón de la infancia; pero, luego, ese luminoso horizonte, la mirada escrutadora y regia del general dueño de ese gran imperio: vemos cómo todo ello juega conjuntamente, cómo precisamente desde ese juego conjunto resurge la significatividad propia de la percepción; no cabe duda de que cualquiera que preguntase, por ejemplo: ¿Le ha salido bien el caballo?, o ¿Está bien reflejada la fisonomía de Carlos V?, habrá paseado su mirada sin ver la auténtica obra de arte. Este ejemplo nos ha hecho conscientes de la extraordinaria complejidad del problema. ¿Qué es lo que entendemos propiamente? ¿Cómo es que la obra habla, y qué es lo que nos dice? A fin de levantar una primera defensa contra toda teoría de la imitación, haríamos bien en recordar

* Evidentemente, el cuadro de que habla Gadamer no lo pintó Velázquez, sino Ticiano. [T.]

que no sólo tenemos esta experiencia estética en presencia del arte, sino también de la naturaleza. Se trata del problema de «lo bello en la naturaleza».

El mismo Kant, que fue quien puso claramente de relieve la autonomía de lo estético, estaba orientado primariamente hacia la belleza natural. Desde luego, no deja de ser significativo que la naturaleza nos parezca bella. Es una experiencia moral del hombre rayana en lo milagroso el que la belleza florezca en la potencia generativa de la naturaleza, como si ésta mostrase sus bellezas para nosotros. En el caso de Kant, esta distinción del ser humano por la cual la belleza de la naturaleza va a su encuentro tiene un trasfondo de teología de la creación, y es la base obvia a partir de la cual expone Kant la producción del genio, del artista, como una elevación suma de la potencia que posee la naturaleza, la obra divina. Pero es claro que lo que se enuncia con la belleza natural es de una peculiar indeterminación. A diferencia de la obra de arte, en la cual siempre tratamos de reconocer o de señalar algo *como algo* —bien que, tal vez, se nos haya de obligar a ello—, en la naturaleza nos interpela significativamente una especie de indeterminada potencia anímica de soledad. Sólo un análisis más profundo de la experiencia estética por la que se encuentra lo bello en la naturaleza nos enseña que se trata, en cierto sentido, de una falsa apariencia, y que, en realidad, no podemos mirar a la naturaleza con otros ojos que los de hombres educados artísticamente. Recuérdese, por ejemplo, cómo se describen los Alpes todavía en los relatos de viajes del siglo XVIII: montañas terroríficas, cuyo horrible aspecto y cuya espantosa ferocidad eran sentidos como una expulsión de la belleza, de la humanidad, de la tranquilidad de la existencia. Hoy en día, en cambio, todo el mundo está convencido de que las grandes formaciones de nuestras cordilleras representan, no sólo la sublimidad de la naturaleza, sino también su belleza más propia.

Lo que ha pasado está muy claro. En el siglo XVIII, mirábamos con los ojos de una imaginación adiestrada por un orden racionalista. Los jardines del siglo XVIII —antes de que el estilo de jardín inglés llegase para simular una especie de naturalidad, de semejanza con la naturaleza— estaban siempre construidos de un modo invariablemente geométrico, como la continuación en la naturaleza de la edificación que se habitaba. Por consiguiente, como muestra este ejemplo, miramos a la naturaleza con ojos educados por el arte. Hegel comprendió correctamente que la belleza natural es hasta tal punto un reflejo de la belleza artística,[18] que aprendemos a percibir lo bello en la naturaleza guiados por el ojo y la creación del artista. Por supuesto que aún queda la

18. HEGEL, *Vorlesungen über die Ästhetik*, compilado por Heinrich Gustav Hotho, Berlín, 1835, Introducción I,1. (Trad. esp.: *Lecciones de Estética*, Barcelona, Península 1989.)

pregunta de qué utilidad tiene eso para nosotros hoy, en la situación crítica del arte moderno. Pues, guiándose por él, a la vista de un paisaje, difícilmente llegaríamos a reconocer su belleza. De hecho, ocurre que hoy día tendríamos que experimentar lo bello natural casi como un correctivo para las pretensiones de un mirar educado por el arte. Por medio de lo bello en la naturaleza volveremos a recordar que lo que reconocemos en la obra de arte no es, ni mucho menos, aquello en lo que habla el lenguaje del arte. Es justamente la indeterminación del remitir la que nos colma con la conciencia de la significatividad, del significado característico de lo que tenemos ante los ojos.[19] ¿Qué pasa con ese ser-remitido a lo indeterminado? A esta función la llamamos, en un sentido acuñado especialmente por los clásicos alemanes, por Goethe y Schiller, lo simbólico.

II

¿Qué quiere decir *símbolo*? Es, en principio, un palabra técnica de la lengua griega y signifi-

19. Esto lo ha escrito detalladamente Theodor W. Adorno en su *Ästhetische Teorie*, Francfort, 1973. (Trad. esp.: *Teoría Estética*, Madrid, Taurus 1971.)

ca «tablilla de recuerdo». El anfitrión le regalaba a su huésped la llamada *tessera hospitalis;* rompía una tablilla en dos, conservando una mitad para sí y regalándole la otra al huésped para que, si al cabo de treinta o cincuenta años vuelve a la casa un descendiente de ese huésped, puedan reconocerse mutuamente juntando los dos pedazos. Una especie de pasaporte en la época antigua; tal es el sentido técnico originario de símbolo. Algo con lo cual se reconoce a un antiguo conocido.

En el *Banquete* de Platón, se relata una historia bellísima que, según creo, da una indicación todavía más profunda de la clase de significatividad que el arte tiene para nosotros. Aristófanes narra una historia, todavía hoy fascinante, sobre la esencia del amor. Cuenta que los hombres eran originalmente seres esféricos; pero habiéndose comportado mal, los dioses los cortaron en dos. Ahora, cada una de estas dos mitades, que habían formado parte de un ser vivo completo, va buscando su complemento. Este es el σύμβολον τοῦ ἀνθρώπον; que cada hombre es, en cierto modo, un fragmento de algo; y eso es el amor: que en el encuentro se cumple la esperanza de que haya algo que sea el fragmento complementario que nos reintegre. Esta profunda parábola de encuentro de almas y de afinidades electivas puede transferirse a la experiencia de lo bello en el arte. También aquí es manifiesto que la significatividad inherente a lo bello del arte, de la obra de arte, remite a algo que no está de modo inmediato en la visión comprensible como tal. Mas, ¿qué clase de remitir es ése? La función propia de remitir está orientada a otra cosa, a algo que también se puede tener o experimentar de modo inmediato. De ser así, el símbolo vendría a ser lo que, al menos desde un uso clásico del lenguaje, llamamos alegoría: se dice algo diferente de lo que se quiere decir, pero eso que se quiere decir también puede decirse de un modo inmediato. La consecuencia del concepto clasicista de símbolo, que no remite de este modo a otra cosa, es que en la alegoría tenemos la connotación, en sí totalmente injusta, de lo glacial, de lo no artístico. Lo que habla es la referencia a un significado que tiene que conocerse previamente. En cambio, el símbolo, la experiencia de lo simbólico, quiere decir que este individual, este particular, se representa como un fragmento de Ser que promete complementar en un todo íntegro al que se corresponda con él; o, también, quiere decir que existe el otro fragmento, siempre buscado, que complementará en un todo nuestro propio fragmento vital. No me parece que este «significado» esté ligado a condiciones sociales especiales —como es el caso de la religión de la cultura burguesa tardía—, sino, más bien, que la experiencia de lo bello y, en particular, de lo bello en el arte, es la evocación de un orden íntegro posible, dondequiera que éste se encuentre.

Si seguimos meditando sobre esto por un momento, se hará significativa la multiplicidad de la experiencia que conocemos igualmente como experiencia histórica y como simultaneidad presente. En ella nos interpela una y otra vez, en las más diversas particularidades que llamamos obras de arte, el mismo mensaje de integridad. Y me parece que esto da realmente la respuesta más precisa a la pregunta de qué es lo que constituye la significatividad de lo bello y del arte. Esa respuesta nos dice que, en lo particular de un encuentro con el arte, no es lo particular lo que se experimenta, sino la totalidad del mundo experimentable y de la posición ontológica del hombre en el mundo, y también, precisamente, su finitud frente a la trascendencia. En este sentido, podemos dar ahora un paso más y decir: esto no quiere decir que la expectativa indeterminada de sentido que hace que la obra tenga un significado para nosotros pueda consumarse alguna vez plenamente, que nos vayamos a apropiar, comprendiéndolo y reconociéndolo, de su sentido total. Esto es lo que Hegel enseñaba al definir lo bello del arte como «la apariencia sensible de la Idea». Una expresión profunda y perspicaz, según la cual la Idea, que sólo puede ser atisbada, se hace verdaderamente presente en la manifestación sensible de lo bello. No obstante, me parece que ésta es una seducción idealista que no hace justicia a la auténtica circunstancia de que la obra nos habla como obra, y no como portadora de un mensaje. La expectativa de que el contenido de sentido que nos habla desde la obra pueda alcanzarse en el concepto ha sobrepasado siempre al arte de un modo muy peligroso. Pero ésa era justamente la convicción principal de Hegel, que le llevó a la idea del carácter de pasado del arte. Hemos interpretado esto como una declaración de principios hegeliana, por cuanto en la figura del concepto y de la filosofía se puede y se tiene que alcanzar todo lo que nos interpela de modo oscuro y no conceptual en el lenguaje sensible y particular del arte.

Esto es, sin embargo, una seducción idealista que queda refutada en cualquier experiencia artística; y, en especial, en el arte contemporáneo, el cual nos impide explícitamente esperar de él la orientación de un sentido que se pueda comprender en la forma del concepto. A esto opondría yo la idea de que lo simbólico, y en particular lo simbólico del arte, descansa sobre un insoluble juego de contrarios, de mostración y ocultación. En su insustituibilidad, la obra de arte no es un mero portador de sentido, como si ese sentido pudiera haberse cargado igualmente sobre otros portadores. Antes bien, el sentido de la obra estriba en que ella está ahí. Deberíamos, a fin de evitar toda falsa connotación, sustituir la palabra «obra» por otra, a saber, la palabra «conformación».* Esta significa que, por ejem-

* Traducimos por «conformación» la palabra alemana *Gebilde,* traducida otras veces como «construcción» o «forma». El correspondiente literal castellano sería «formación», en el sentido, por ejemplo, de una formación cristalina. Pero «formación» ya suele equivaler en la literatura filosófica a la *Bildung* alemana, con el sentido de educación y cultura. «Conformación», además, parece reflejar

plo, el proceso transitorio, la corriente fugitiva de las palabras de una poesía se ve detenida de un modo enigmático, se convierte en una conformación, del mismo modo que hablamos de una formación montañosa. Ante todo, «conformación» no es nada de lo que se pueda pensar que alguien lo ha hecho deliberadamente (asociación que siempre se hace con el concepto de obra). En realidad, el que se crea una obra de arte no se encuentra ante la conformación salida de sus manos de un modo diferente a cualquier otro. Hay todo un salto desde lo que se planea y se hace hasta lo que finalmente sale. Ahora, la conformación «está», y existe así «ahí», «erguida» de una vez por todas, susceptible de ser hallada por cualquiera que se encuentre con ella, de ser conocida en su «calidad». Es un salto por medio del cual la obra se distingue en su unicidad e insustituibilidad. Eso es lo que Walter Benjamin llamaba el aura de una obra de arte,[20] y lo que todos conocemos, por ejemplo, en esa indignación por lo que se llama profanación del arte. La destrucción de la obra de arte tiene para nosotros todavía algo de sacrilegio.

Estas consideraciones deben habernos dispuesto para clarificar todo el alcance del hecho

---

mejor el carácter de ergon, de algo consolidado del *Gebilde*. [T.]

20. Benjamin, *Das Kunstwerk im Zeitalter seiner technischen Reproduzierbarkeit*, Francfort 1969. (Trad. cast.: *La obra de arte en la época de su reproductibilidad técnica*, en Benjamin, *Discursos interrumpidos*, I, Taurus.)

de que no sea una mera revelación de sentido lo que se lleva a cabo en el arte. Antes bien, habría de decirse que es el abrigo del sentido en lo seguro, de modo que no se escape ni se escurra, sino que quede afianzado y protegido en la estructura de la conformación. Acaso le debamos a Heidegger el paso que dio al pensamiento de nuestro siglo la posibilidad de sustraerse al concepto idealista de sentido y de percibir, por así decirlo, la plenitud ontológica o la verdad que nos habla desde el arte en el doble movimiento de descubrir, desocultar y revelar, por un lado, y del ocultamiento y el retiro, por otro. Heidegger ha mostrado que el concepto griego de desvelamiento, ἀλήθεια, es sólo una cara de la experiencia fundamental del hombre en el mundo. Pues junto al desocultar, e inseparables de él, están el ocultamiento y el encubrimiento, que son parte de la finitud del ser humano. Esta intelección filosófica, que pone al idealismo los límites para una integración de sentido pura, entraña que en la obra de arte hay algo más que un significado experimentable de modo indeterminado como sentido. Es el *factum* de ese uno particular, de que haya algo así, lo que constituye ese «más»; para decirlo con Rilke: «Algo así se irguió entre humanos».* Esto, el hecho de que haya esto, la facticidad, es, a la vez, una resistencia insuperable contra toda expectativa de sentido que se con-

* El verso de Rilke dice exactamente: «Esto se irguió una vez entre humanos». Veáse VII Elegía a Duino. [T.]

sidere superior. La obra de arte nos obliga a reconocerlo. «Ahí no hay ni un lugar que no te vea. Tienes que cambiar tu vida.» Es un impacto, un ser volteados, lo que sucede por medio de la particularidad con la que nos sale al paso cada experiencia artística.[21]

Sólo esto nos conduce a una comprensión conceptual adecuada de la pregunta de qué es propiamente la significatividad del arte. Quisiera profundizar —esto es, desplegarlo en el sentido que le es propio— en el concepto de lo simbólico, tal y como lo entendieron Goethe y Schiller. En este sentido, decimos: lo simbólico no sólo remite al significado, sino que lo hace estar presente: representa el significado. Con el concepto de «representar» ha de pensarse en el concepto de representación propio del derecho canónico y público. En ellos, representación no quiere decir que algo esté ahí en lugar de otra cosa, de un modo impropio e indirecto, como si de un sustituto o de un sucedáneo se tratase. Antes bien, lo representado está ello mismo ahí y tal como puede estar ahí en absoluto. En la aplicación del arte se conserva algo de esta existencia en la representación. Así, por ejemplo, se representa en un retrato una personalidad conocida que ya goza de una cierta consideración pública. El cuadro

21. Véase Heidegger, M., *Der Ursprung des Kunstwerkes*, Stuttgart, 1960 (Reklams Universal Bibliothek, N. 8846). (Trad. cast.: «El origen de la obra de arte», en *Sendas Perdidas*, Losada, ²1969.)

que cuelga en la sala del ayuntamiento, en el palacio eclesiástico, o en cualquier otro sitio, debe ser un fragmento de su presencia. Ella misma está, en el papel representativo que posee, en el retrato representativo. Pensamos que el cuadro mismo es representativo. Naturalmente, eso no significa idolatría o adoración de un cuadro; antes bien, si se trata de una obra de arte, significa que no es un mero signo conmemorativo, indicación o sustituto de otra existencia.

Como protestante, siempre he encontrado muy significativa la controversia sobre la Ultima Cena que se dirimió en la Iglesia reformada, en particular entre Zuinglio y Lutero. Al igual que éste, estoy convencido de que las palabras de Jesús «Este es mi cuerpo y ésta mi sangre» no quieren decir que el pan y el vino «signifiquen» el cuerpo y la sangre. Creo que Lutero lo comprendía así perfectamente, y en este punto se atenía del todo, según creo, a la antigua tradición católica romana, para la cual el pan y el vino del sacramento *son* el cuerpo y la sangre de Cristo. He recurrido a esta cuestión dogmática sólo para decir que podemos, e incluso tenemos que pensar algo así si queremos pensar la experiencia del arte: que en la obra de arte no sólo se remite a algo, sino que en ella está propiamente aquello a lo que se remite. Con otras palabras: la obra de arte significa un crecimiento en el ser. Esto es lo que la distingue de todas las realizaciones productivas humanas en la artesanía y en la técnica, en las cuales se desarrollan los aparatos y las instalaciones de nuestra vida económica práctica. Lo propio de ellos es, claramente, que cada pieza que hacemos sirve únicamente como medio y como herramienta. Al adquirir un objeto doméstico práctico no decimos de él que es una «obra». Es un artículo. Lo propio de éles que su producción se puede repetir, que el aparato puede básicamente sustituirse por otro en la función para la que está pensado.

Por el contrario, la obra de arte es irremplazable. Eso sigue siendo cierto en la época de su reproductibilidad, en la cual estamos actualmente y en la que las más grandes obras de arte nos salen al encuentro en copias de una calidad extraordinaria. Una fotografía, o un disco, son una reproducción, no una representación. En la reproducción como tal ya no hay nada del acontecimiento único que distingue a una obra de arte (incluso en un disco, en el cual se trata del acontecimiento único de una «interpretación», ella misma una reproducción). Si encuentro una reproducción mejor, la cambiaré por la antigua; y si se me extravía, adquiriré otra nueva. ¿Qué es este otro, presente aún en la obra de arte, diferente de un artículo que puede reproducirse a discreción?

La Antigüedad dio una respuesta a esta pregunta, que sólo hay que entender correctamente de nuevo: en toda obra de arte hay algo así como μίμησις, *imitatio*. Por supuesto que mímesis no quiere decir aquí imitar algo previamente conocido, sino llevar algo a su representación, de suerte que esté presente ahí en su plenitud sensible. El uso original de esta palabra está tomado del movimiento de los astros.[22] Las estrellas representan la pureza de las leyes y proporciones matemáticas que constituyen el orden del cielo. En este sentido, creo que la tradición no se equivocaba cuando decía: «El arte es siempre mímesis», esto es, lleva algo a su representación. Al decir esto, debemos guardarnos del malentendido de creer que ese algo que accede ahí a su representación pueda ser concebido «ahí» de otro modo que como se representa de un modo tan elocuente. Sentado esto, considero que la cuestión de si es mejor la pintura no objetual que la objetual es una pose de política cultural y artística. Antes bien, hay muchas formas artísticas en las cuales «algo» se representa, condensado cada vez en una conformación que sólo así, por una única vez, ha llegado a configurarse significativamente como la prenda de un orden, por muy diferente que nuestra experiencia cotidiana sea de lo que se nos brinda. La representación simbólica que el arte realiza no precisa de ninguna dependencia determinada de cosas previamente dadas. Justamente en esto estriba el carácter especial de arte por el cual lo que accede a su representación, sea pobre o rico en connotaciones, o incluso si no tiene ninguna, nos mue-

22. Véase KOLLER, H., *Die Mimesis in der Antike. Nachahmung Darstellung, Ausdrück*, Berna, 1954 (Dissertationes Bernenses 1, 5).

ve a demorarnos en él y a asentir a él como en un *re*-conocimicnto. Habrá de mostrarse cómo, de esta característica, surge la tarea que el arte de todos los tiempos y el arte de hoy nos plantean a cada uno de nosotros. Es la tarea que consiste en aprender a oír a lo que nos quiere hablar ahí, y tendremos que admitir que aprender a oír significa, sobre todo, elevarse desde ese proceso que todo lo nivela y por el cual todo se desoye y todo se pasa por alto, y que una civilización cada vez más poderosa en estímulos se está encargando de extender.

Nos hacíamos la pregunta de qué se expresa propiamente en la experiencia de lo bello y, en particular, en la experiencia del arte. Y la intelección decisiva que había que alcanzar era que no se puede hablar de una transmisión o mediación de sentido sin más. De ser así, se englobaría de antemano lo experimentado en la expectativa universal de sentido de la razón teórica. En tanto se defina —como los idealistas, por ejemplo Hegel— lo bello del arte como la apariencia sensible de la Idea (lo que, en sí, significa retomar de modo genial el guiño platónico sobre la unidad de lo bello y de lo bueno), se está presuponiendo necesariamente que es posible ir más allá de este modo de aparecer de lo verdadero, y que lo pensado filosóficamente en la Idea es justamente la forma más alta y adecuada de aprehender estas verdades. Y nos parece que el punto débil o el error de una estética idealista está en no ver que precisamente el encuentro con lo particular y con la manifestación de lo verdadero sólo tiene lugar en la particularización, en la cual se produce ese carácter distintivo que el arte tiene para nosotros, y que hace que no pueda superarse nunca. Tal era el sentido del símbolo y de lo simbólico: que en él tiene lugar una especie de paradójica remisión que, a la vez, materializa en sí mismo, e incluso garantiza, el significado al que remite. Sólo de esta forma, que se resiste a una comprensión pura por medio de conceptos, sale el arte al encuentro —es un impacto que la grandeza del arte nos produce—; porque siempre se nos expone de improviso, sin defensa, a la potencia de una obra convincente. De ahí que la esencia de lo simbólico consista precisamente en que no está referido a un fin con un significado que haya de alcanzarse intelectualmente, sino que detenta en sí su significado.

Y así, nuestra exposición del carácter simbólico del arte enlaza con nuestras reflexiones iniciales sobre el juego. También en éstas, la perspectiva de nuestro cuestionamiento se desarrollaba a partir de la idea de que el juego ya es siempre autorrepresentación. En el caso del arte, esto encontraba su expresión en el carácter específico de crecimiento de (o en el) ser, de la *representatio,* de la ganancia en ser que el ente experimenta al representarse. Y me parece que la estética idealista necesita una revisión en este punto, pues de lo que se trata es de aprehender más adecuadamente este carácter de la experiencia del arte. La consecuencia general que debe extraerse de aquí estaba ya preparada desdc hacc mucho: el arte, ya sea en la forma de la tradición objetual que nos es familiar, ya en la actual, desprendida de la tradición y que tan «extraña» nos resulta, exige simpre en nosotros un trabajo propio de construcción.

Quisiera extraer otra consecuencia más, que nos ha de proporcionar un carácter estructural del arte verdaderamente global y creador de comunidad. En la representación que es una obra de arte, no se trata de que la obra de arte represente algo que ella no es; la obra de arte no es, en ningún sentido, una alegoría, es decir, no dice algo para que así se piense en otra cosa, sino que sólo y precisamente en ella misma puede encontrarse lo que ella tenga que decir. Y esto debe entenderse como un postulado universal, no sólo como la condición necesaria de la llamada modernidad. Es una conceptualización objetivista de una ingenuidad asombrosa preguntar primero, cuando se está ante un cuadro, qué es lo que hay ahí representado. Por supuesto que eso también lo entendemos. Mientras seamos capaces de reconocer algo, se conservará siempre en nuestra percepción; pero, ciertamente, no es ése el fin propio de nuestra contemplación de la obra. Para estar seguro de esto, sólo hace falta considerar la llamada música absoluta. Eso sí que es arte no objetual. En ella, es absurdo presuponer aspectos unitarios o de comprensión, incluso aunque ocasionalmente se intenta. También conocemos las formas híbridas o secundarias de la música programática, o de la ópera y el drama musical, que precisamente en cuanto formas secundarias implican la existencia de la música absoluta, ese gran logro de la abstracción musical de Occidente, y su apogeo en el clasicismo vienés que germinó en el terreno cultural de la vieja Austria. Precisamente con la música absoluta puede ilustrarse el sentido de esta cuestión que nos tiene en vilo: ¿por qué podemos decir de una pieza musical: «Es algo superficial», o, por ejemplo, de los últimos cuartetos de Beethoven: «Verdaderamente, eso es música grande y profunda»? ¿En qué se basa eso? ¿Dónde reside aquí la calidad? Seguro que no en una referencia determinada que podamos nombrar como su sentido. Ni tampoco en una cantidad de información determinable, según quiere hacernos creer la estética de la información. Como si no dependiera precisamente de la variedad en lo cualitativo. ¿Por qué puede un aire de danza transformarse en el coro de una *Pasión*? ¿Hay siempre en el juego una coordinación secreta con la *palabra*? Tal vez haya algo así en juego, y los intérpretes de la música están tentados una y otra vez de encontrar tales puntos de apoyo o, por llamarlos así, los últimos restos de conceptualidad. Tampoco al contemplar arte no objetual, podemos olvidar que, en la vida cotidiana, lo que miramos son objetos. Y, de igual modo, en esa concentración con la que la música se nos manifiesta, escuchamos con el mismo oído con que intentamos entender palabras en todo lo demás. Entre el lenguaje sin palabras de la música, como se suele decir, y el lenguaje de palabras de nuestra propia experiencia del hablar comunicativo, sigue habiendo un nexo incancelable. Del mismo modo, tal vez, queda un nexo entre el mirar objetual y el orientarse en el mundo, de un lado, y de otro, el postulado artístico de construir de súbito nuevas composiciones a partir de los elementos de un mundo objetual visible y participar de la profundidad de su tensión.

El haber recordado de nuevo estas cuestiones límite nos prepara adecuadamente para hacer visible el impulso comunicativo que el arte exige de nosotros y en el que todos nos unimos. He hablado al principio de cómo la llamada modernidad se encuentra, al menos desde comienzos del siglo XIX, fuera de la obvia comunidad de la tradición humanista cristiana, de que ya no hay contenidos totalmente evidentes y obligatorios que puedan retenerse en la forma artística de modo que cualquiera los conozca como el vocabulario familiar con el que se hacen los nuevos enunciados. Esta es, de hecho, la nueva situación, según la he descrito: el artista ya no pronuncia el lenguaje de la comunidad, sino que se construye su propia comunidad al pronunciar-se en lo más íntimo de sí mismo. A pesar de ello, se construye justamente su comunidad, y su intención es que esa comunidad se extienda a la *oikumene*, a todo el mundo habitado, que sea de verdad universal. Propiamente, todos deberían —éste es el desafío del artista creador— abrirse al lenguaje de la obra de arte, apropiárselo como suyo. Sea que la configuración de la obra de arte se sostiene en una visión del mundo común y evidente que la prepare, sea que únicamente enfrentados a la conformación tengamos que aprender a deletrear el alfabeto y la lengua del que nos está diciendo algo a través de ella, queda en todo caso convenido que se trata de un logro colectivo, del logro de una comunidad potencial.

III

En este punto, me gustaría introducir el tercer elemento mencionado en el título: la *fiesta.* Si hay algo asociado siempre a la experiencia de la fiesta, es que se rechaza todo el aislamiento de unos hacia otros. La fiesta es comunidad, es la presentación de la comunidad misma en su forma más completa. La fiesta es siempre fiesta para todos. Así, decimos que «alguien se excluye» si no toma parte. No resulta fácil clarificar la idea de este carácter de la fiesta y la experiencia del tiempo asociada a él. Los caminos andados hasta ahora por la investigación no nos ayudan mucho en ello. Hay, sin embargo, algunos investigadores de relieve que han dirigido su mirada en esta dirección. Recordaré al filólogo clásico Walter F. Otto,[23] o el húngaro-alemán Karl Kerényi.[24] Y, por supuesto, la fiesta y el tiempo de fiesta han sido propiamente, desde siempre, un tema de la teología.

Tal vez podríamos comenzar por esta primera observación: se dice que «las fiestas se celebran; un día de fiesta es un día de celebración». Pero, ¿qué significa eso? ¿Qué quiere decir «celebrar una fiesta»? ¿Tiene «celebrar» tan sólo un significado negativo, «no trabajar»? Y, si es así, ¿por qué? La respuesta habrá de ser: porque evidentemente, el trabajo nos separa y divide. Con toda la cooperación que siempre han exigido la caza colectiva y la división social del trabajo, nos aislamos cuando nos orientamos a los fines de nuestra actividad. Por el contrario, la fiesta y la celebración se definen claramente porque, en ellas, no sólo no hay aislamiento, sino que todo está congregado. Lo cierto es que ya no somos capaces de advertir este carácter único de la celebración. Saber celebrar es un arte. Y en él nos superaban ampliamente los tiempos antiguos y las culturas primitivas. ¿En qué consiste propiamente ese arte?, se pregunta uno. Está claro que en una comunidad que no puede precisarse del todo, en un congregarse y reunirse por algo de lo cual nadie puede decir el porqué. Seguramen-

23. Otto, *Dionysos. Mythos und Kultus*, Francfort, 1933.

24. Kerényi, «Vom Wesen des Festes», en *Gesammelte Werke*, vol. 7: *Antike Religion*, Munich, 1971.

te, no es por azar que todas estas expresiones se asemejen a la experiencia de la obra de arte. La celebración tiene unos modos de representación determinados. Existen formas fijas, que se llaman usos, usos antiguos; y todos son viejos, esto es, han llegado a ser costumbres fijas y ordenadas. Y hay una forma de discurso que corresponde a la fiesta y a la celebración que la acompaña. Se habla de un discurso solemne, pero, aún más que el discurso solemne, lo propio de la solemnidad de la fiesta es el silencio. Hablamos de un «silencio solemne». Del silencio podemos decir que se extiende, como le ocurre a alguien que, de improviso, se ve ante un monumento artístico o religioso que le deja «pasmado». Estoy pensando en el Museo Nacional de Atenas, donde casi cada diez años se vuelve a poner en pie una nueva maravilla de bronce rescatada de las profundidades del Egeo. Cuando uno entra por primera vez en esas salas, le sobrecoge la solemnidad de un silencio absoluto. Siente cómo todos están congregados por lo que allí sale al encuentro. De este modo, el que una fiesta se celebre nos dice también que la celebración es una actividad. Con una expresión técnica, podríamos llamarla actividad intencional. Celebramos al congregarnos por algo y esto se hace especialmente claro en el caso de la experiencia artística. No se trata sólo de estar uno junto a otro como tal, sino de la intención que une a todos y les impide desintegrarse en diálogos sueltos o dispersarse en vivencias individuales.

Preguntémonos por la estructura temporal de la fiesta y si, partiendo de ella, podemos abordar el carácter de fiesta del arte y la estructura temporal de la obra de arte. Una vez más, podemos seguir el método de la observación lingüística. Me parece que el único modo riguroso de hacer comunicables las ideas filosóficas es subordinarse a lo que ya sabe la lengua que nos une a todos. Y, así, de una fiesta decimos que se la celebra. La celebración de una fiesta es, claramente, un modo muy específico de nuestra conducta. «Celebración»:* si se quisiera pensar, hay que tener un oído muy fino para las palabras. Claramente, «celebración» es una palabra que explícitamente suprime toda representación de una meta hacia la que se estuviera caminando. La celebración no consiste en que haya que ir para después llegar. Al celebrar una fiesta, la fiesta está siempre y en todo momento ahí. Y en esto consiste precisamente el carácter temporal de una fiesta: se la «celebra», y no se distingue en la duración de una serie de momentos sucesivos. Desde luego que se hace un programa de fiestas, y que el servicio religioso se ordena de un modo articulado, e incluso se presenta un horario. Pero eso sucede sólo porque la fiesta se celebra. También se puede configurar la forma de su celebra-

* La palabra alemana para «celebración» sobre la que Gadamer reflexiona es *Begehung*. Su raíz, *geh-*, significa «andar», «ir». El verbo *begehen*, aparte de celebrar, significa más ordinariamente «caminar sobre algo». [T.]

ción del modo que podamos disponer mejor. Pero la estructura temporal de la celebración no es, ciertamente, la del disponer del tiempo.

Lo propio de la fiesta es una especie de retorno (no quiero decir que necesariamente sea así, ¿o, tal vez, en un sentido más profundo, sí?). Es cierto que, entre las fiestas del calendario, distinguimos entre las que retornan y las que tienen lugar una sola vez. La pregunta es si estas últimas no exigen siempre propiamente una repetición. Las fiestas que retornan no se llaman así porque se les asigne un lugar en el orden del tiempo; antes bien, ocurre lo contrario: el orden del tiempo se origina en la repetición de las fiestas. El año eclesiástico, el año litúrgico, pero también cuando, al contar abstractamente el tiempo, no decimos simplemente el número de meses o algo parecido, sino Navidad, Semana Santa, o cualquier otra cosa así. Todo ello representa, en realidad, la primacía de lo que llega a su tiempo, de lo que tiene su tiempo y no está sujeto a un cómputo abstracto o un empleo de tiempo.

Parece que aquí se trata de dos experiencias fundamentales del tiempo.[25] La experiencia práctica, normal, del tiempo es la del «tiempo para algo»; es decir, el tiempo de que se dispone, que se divide, el tiempo que se tiene o no se tiene, o que se cree no tener. Es, por su estructura, un tiempo vacío; algo que hay que tener para lle-

25. Véase del autor «Leere un erfüllte Zeit», en *Kleine Schriften III*, Tubinga, 1972.

narlo con algo. El caso extremo de esta experiencia de la vaciedad del tiempo es el aburrimiento. En él, en su repetitivo ritmo sin rostro, se experimenta, en cierta medida, el tiempo como una presencia atormentadora. Y frente a la vaciedad del aburrimiento está la vaciedad del ajetreo, esto es, del no tener nunca tiempo, tener siempre algo previsto para hacer. Tener un plan aparece aquí como el modo en que el tiempo se experimenta como lo necesario para cumplir el plan, o en el que hay que esperar el momento oportuno. Los casos extremos del aburrimiento y el trajín enfocan el tiempo del mismo modo: como algo «empleado», «llenado» con nada o con alguna cosa. El tiempo se experimenta entonces como algo que se tiene que «pasar» o que ha pasado. El tiempo no se experimenta como tiempo. Por otro lado, existe otra experiencia del tiempo del todo diferente, y que me parece ser profundamente afín tanto a la fiesta como al arte. Frente al tiempo vacío, que debe ser «llenado», yo lo llamaría tiempo lleno, o también, tiempo propio. Todo el mundo sabe que, cuando hay fiesta, ese momento, ese rato, están llenos de ella. Ello no sucede porque alguien tuviera que llenar un tiempo vacío, sino a la inversa: al llenar el tiempo de la fiesta, el tiempo se ha vuelto festivo, y con ello está inmediatamente conectado el carácter de celebración de la fiesta. Esto es lo que puede llamarse tiempo propio, y lo que todos conocemos por nuestra propia experiencia vital. Formas fundamentales del tiempo propio son la infancia, la juventud, la madurez, la vejez y la muerte. Esto no se puede computar ni juntar pedazo a pedazo en una lenta serie de momentos vacíos hasta formar un tiempo total. Ese flujo continuo de tiempo que observamos y calculamos con el reloj no nos dice nada de la juventud y de la vejez. El tiempo que le hace a alguien joven o viejo no es el tiempo del reloj. Está claro que ahí hay una discontinuidad. De pronto, alguien se ha hecho viejo, o de pronto, se mira a alguien y se dice: «Ya no es un niño»; lo que ahí se percibe es el tiempo de uno, el tiempo propio. Pues bien, me parece que es también característico de la fiesta que por su propia cualidad de tal ofrece tiempo, lo detiene, nos invita a demorarnos. Esto es la celebración. En ella, por así decirlo, se paraliza el carácter calculador con el que normalmente dispone uno de su tiempo.

El tránsito desde semejantes experiencias de tiempo de la vida vivida a la obra de arte es sencillo. En nuestro pensamiento, el fenómeno del arte está siempre muy próximo a la determinación fundamental de la vida, la cual tiene la estructura de un ser «orgánico». Así, cualquiera puede comprender que digamos: «Una obra de arte es, de algún modo, una unidad orgánica». Se puede explicar rápidamente lo que esto significa. Quiere decirse que se siente cómo en la visión, en el texto o en lo que sea, cada detalle, cada momento está unido al todo, y no semeja algo pegado exteriormente ni desentona como un trozo inerte, arrastrado por la corriente del hacer. Antes bien, está dispuesto alrededor de un centro. Por organismo vivo entendemos también algo que está centrado en sí mismo, de suerte que todos sus elementos no estén ordenados según un fin tercero, sino que sirven a la propia autoconservación y vida del organismo. De un modo precioso, Kant ha calificado eso como «finalidad sin fin», la cual es propia tanto de un organismo como de una obra de arte.[26] Y ello se corresponde con una de las más antiguas definiciones que existen de lo bello en el arte: «Una cosa es bella si no se le puede añadir ni quitar nada» (Aristóteles).[27] Evidentemente, no hay que entender esto literalmente, sino *cum grano salis*. Incluso puede dársele la vuelta a la definición y decir: la concentración tensa de lo que llamamos bello se revela precisamente en que tolera un espectro de variaciones posibles, sustituciones, añadidos, y eliminaciones, pero todo ello desde un núcleo estructural que no se debe tocar si no se quiere que la conformación pierda su unidad viva. En este sentido, una obra de arte es, de hecho, semejante a un organismo vivo: una unidad estructurada en sí misma. Pero eso quiere decir: también tiene su tiempo propio.

Naturalmente, eso no significa que tenga también su juventud, su madurez o su vejez, igual que el verdadero organismo vivo. Pero sí significa que la obra de arte no está determinada por

26. KANT, *Crítica del Juicio*, Introducción.
27. ARISTÓTELES, *Etica a Nicómaco*, 8 5, 1106 b 9.

la duración calculable de su extensión en el tiempo, sino por su propia estructura temporal. Piénsese en la música. Todo el mundo conoce las vagas indicaciones de *tempo* que el compositor utiliza para designar las frases de una pieza musical; se da con ello algo muy poco determinado y, sin embargo, no es ni mucho menos una indicación técnica del compositor, de cuyo arbitrio dependiera que se «tome» más de prisa o más despacio. Hay que tomar el tiempo correctamente, es decir, tomarlo tal y como la obra lo exige. Las indicaciones de *tempo* son sólo señales para cumplir el *tempo* «correcto», o para adaptarse de modo correcto al todo de la obra. El *tempo* correcto no puede calcularse ni medirse nunca. Una de las mayores confusiones —hecha posible por la tecnología de nuestra época, y que ha afectado también a la práctica artística en ciertos países con una burocracia particularmente centralista— es, por ejemplo, reglamentar cuál es la grabación auténtica según el compositor, o convertir en canónica una grabación auténtica autorizada como tal por el compositor, con todos sus *tempos* y sus ritmos. Una cosa así significaría la muerte de las artes interpretativas y su sustitución total por aparatos mecánicos. Si la reproducción se reduce a imitar lo que otro haya hecho anteriormente en una interpretación auténtica, entonces se habrá rebajado a un mero hacer no creativo: y el otro, el oyente, lo notará, si es que llega a notar algo.

Se trata aquí, una vez más, de nuestra vieja

y conocida diferenciación del espacio de juego entre identidad y diferencia. Lo que hay que encontrar es el tiempo propio de la composición musical, el sonido propio de un texto poético; y eso sólo puede ocurrir en el oído interior. Toda reproducción, toda declamación de una poesía, toda representación teatral, por grandes que sean los actores y los cantantes, sólo nos comunicará una experiencia artística efectiva de la obra cuando oigamos en nuestro oído interior algo de todo punto diferente de lo que efectivamente está sucediendo para nuestros sentidos. Sólo lo elevado hasta la idealidad del oído interno, y no las reproducciones, las exhibiciones o las realizaciones mímicas como tales, nos proporcionan el sillar para la construcción de la obra. Es lo que cada uno de nosotros experimenta cuando, por ejemplo, se sabe particularmente bien una poesía: «la tiene en el oído».* Nadie podrá recitarle el poema de un modo satisfactorio, ni siquiera él mismo. ¿Por qué ocurre así? Aquí, claramente, nos encontramos de nuevo con el trabajo de reflexión, el trabajo propiamente intelectual que se da en el llamado deleite. La conformación ideal se origina sólo porque, con nuestra actividad, trascendemos los momentos contingentes. Para oír adecuadamente una poesía, en una posición puramente receptiva, la voz del recitador no debería tener timbre alguno, pues en el texto no lo hay. Pero todo el mundo tiene su propio tim-

* Expresión típicamente alemana. [T.]

bre individual. Ninguna voz del mundo puede alcanzar la idealidad de un texto poético. Con su contingencia, toda voz resulta, en cierto sentido, un ultraje. Emanciparse de esta contingencia es lo que constituye la cooperación que, como cojugadores, tenemos que realizar en ese juego.

El tema del tiempo propio de la obra puede ilustrarse especialmente bien en la experiencia del ritmo. ¿Qué es esa cosa tan curiosa, el ritmo? Hay investigaciones psicológicas que muestran que marcar el ritmo mismo es una forma nuestra de oír y entender.[28] Si hacemos que una serie de ruidos o de sonidos se sucedan a intervalos regulares, nadie que lo oiga podrá dejar de marcar el ritmo de la serie. ¿Dónde se encuentra, propiamente, el ritmo? ¿En las proporciones físicas objetivas del tiempo y en las ondas físicas objetivas o en la cabeza del oyente? Ciertamente puede captarse en seguida la insuficencia y tosquedad de esta alternativa. Pues lo que ocurre es que se escucha el ritmo de fuera y se lo proyecta hacia dentro. Naturalmente, el ejemplo del ritmo en una serie monótona no es un ejemplo del arte; pero indica que sólo oímos el ritmo dispuesto en la forma misma si lo marcamos desde nosotros mismos, es decir, si nosotros mismos somos realmente activos para escucharlo del exterior.

28. Véase HÖNIGSWALD, «Vom Wesen des Rhythmus», en *Die Grundlagen der Denkpsychologie. Studien und Analysen*, Leipzig, Berlín, [2]1925.

Así pues, toda obra de arte posee una suerte de tiempo propio que nos impone, por así decirlo. Esto no sólo es válido para las artes transitorias como la música, la danza o el lenguaje. Si dirigimos nuestra mirada a las artes estatuarias, recordaremos que también construimos y leemos las imágenes, o que «recorremos» y caminamos por edificios arquitectónicos. Todo eso son procesos-de-tiempo. No se accede en la arquitectura. Una de las grandes falsificaciones cometidas por la técnica reproductiva de nuestra época es que, a menudo, cuando vemos por primera vez en el original las grandes construcciones arquitectónicas de la cultura humana, las contemplamos con cierta decepción. No son, ni mucho menos, tan pintorescas como las conocíamos por las reproducciones fotográficas. En realidad, esta decepción quiere decir que aún no se ha trascendido en absoluto la mera calidad pintoresca de la foto del edificio hasta considerarlo arte, arquitectura. Hay que ir allí, entrar y dar vueltas, recorrerlo progresivamente y adquirir lo que la conformación le promete a uno para su propio sentimiento vital y su elevación. Quisiera que resumir las consecuencias afectivas de esta breve reflexión: en la experiencia del arte, se trata de que aprendamos a demorarnos de un modo específico en la obra de arte. Un demorarse que se caracteriza porque no se torna aburrido. Cuanto más nos sumerjamos en ella, demorándonos, tanto más elocuente, rica y múltiple se nos manifestará. La esencia de la experiencia temporal del arte consiste en aprender a demorarse. Y tal vez sea ésta la correspondencia adecuada a nuestra finitud para lo que se llama eternidad.

Resumamos ahora la marcha de nuestras reflexiones. Como siempre que se mira hacia atrás, es menester averiguar qué pasos adelante hemos dado en el conjunto de nuestras meditaciones. La pregunta que nos plantea el arte de hoy entraña de antemano la tarea de juntar algo hecho pedazos por la tensión de dos polos opuestos: de un lado, la apariencia histórica del arte, de otro, su apariencia progresista. La apariencia histórica puede considerarse como la ofuscación de la cultura, para lo que sólo tiene significado la tradición cultural que nos resulte familiar. Y, a la inversa, la apariencia progresiva vive en una suerte de ofuscación de crítica de las ideologías, al creer el crítico que el tiempo debería empezar de nuevo de hoy para mañana, y exigiendo así que se deje atrás una tradición en la que se está y que ya se conoce perfectamente. El auténtico enigma que el arte nos presenta es justamente la simultaneidad de presente y pasado. No hay nada que sea un mero escalón previo, ni nada que sea degeneración sin más; por el contrario, tenemos que preguntarnos qué es lo que une consigo mismo a un arte semejante como arte, y de qué manera llega el arte a ser una superación del tiempo. Hemos intentado hacer esto en tres pasos. Primero, hemos buscado una fundamentación antropológica en el fenómeno del juego como un exceso. Un carácter distintivo muy profundo de la existencia humana es que, con toda la pobreza de sus instintos, con toda la inseguridad y las deficiencias de sus funciones sensoriales, el hombre se entiende a sí mismo como libre y se sabe expuesto al peligro de la libertad que, precisamente, constituye lo humano. Sigo aquí las ideas de la antropología filosófica inspirada en Nietzsche y desarrollada por Scheler Plessner y Gehlen. He intentado mostrar que la cualidad propiamente humana de la existencia nace y crece aquí, en la unificación del pasado y presente, en la simultaneidad de los tiempos, los estilos, las razas y las clases. Todo esto es humano. Es —como dije al principio— la rutilante mirada de Mnemosine, de la musa que conserva y retiene, la que nos caracteriza. Uno de los motivos fundamentales de mi exposición era hacernos conscientes de que lo que intentamos en nuestra relación con el mundo y en nuestros esfuerzos creativos —formando o coparticipando en el juego de las formas— es de retener lo fugitivo.

En este sentido, no es casual sino el sello espiritual que lleva la trascendencia interior del juego, este exceso en lo arbitrario, en lo selecto, en lo libremente elegido, el que en esta actividad se exprese de un modo especial la experiencia de la finitud de la existencia humana. Lo que es muerte para el hombre es pensar más allá de su propia duración finita. El entierro y el culto de los muertos, toda la suntuosidad del arte funerario y las ceremonias de la consagración, todo ello es retener lo efímero y lo fugitivo en una nueva permanencia propia. Visto desde el conjunto de estas consideraciones, me parece que nuestro avance ha consistido no sólo en considerar el carácter de exceso de juego como la base propia de nuestra elevación creativa al arte, sino en reconocer cuál es el motivo antropológico más profundo que hay detrás y que da al juego humano, y en particular el juego artístico, un carácter único frente a todas las formas de juego de la naturaleza: otorga la permanencia.

Este fue nuestro primer paso. Con él se asociaba la cuestión de qué es propiamente lo que nos interpela con significado en este juego de formas que se convierte en una conformación y se «detiene» en ella. Enlazamos entonces con el viejo concepto de lo simbólico. Y también aquí quisiera dar un paso más. Hemos dicho: un símbolo es aquello en lo que se reconoce algo, del mismo modo que el anfitrión reconoce al huésped en la *tessera hospitalis*. Pero, ¿qué es *re*-conocer? *Re*-conocer no es: volver a ver una cosa. Una serie de encuentros no son un *re*-conocimiento, sino que *re*-conocer significa: reconocer algo como lo que ya se conoce. Lo que constituye propiamente el proceso del «ir humano a casa» *(Einhausung)* —utilizo aquí una expresión de Hegel— es que todo *re*-conocimiento se ha desprendido de la contingencia de la primera presentación y se ha elevado al ideal. Esto lo sabemos todos. En el *re*-conocimiento ocurre siempre que se conoce más propiamente de lo que fue posible en el momentáneo desconcierto del primer encuentro. El *re*-conocer capta la permanencia en lo fugitivo. Llevar este proceso a su culminación es propiamente la función del símbolo y de lo simbólico en todos los lenguajes artísticos. Ahora bien, la pregunta que perseguíamos era: si se trata de un arte cuyo lenguaje, vocabulario, sintaxis y estilo están tan singularmente vacíos y nos son tan extraños, o nos parecen tan lejanos de la gran tradición clásica de la cultura, ¿qué es lo que propiamente reconocemos? ¿No es precisamente el signo distintivo de la modernidad esta indigencia de símbolos, hasta tal punto profunda que, con toda su fe jadeante en el progreso técnico económico y social, nos niega justo la posibilidad de ese *re*-conocimiento?

He intentado mostrar que no es simplemente que haya épocas más ricas, familiarizadas con los símbolos, y épocas más pobres vacías de contenido simbólico, como si el favor de los tiempos pasados y la desgracia del presente fueran meros hechos dados. Realmente, el símbolo es una tarea de construcción. Es menester realizar las posibilidades del reconocimiento, y hacerlo en un círculo de tareas, seguramente muy grande, y frente a ofertas muy variadas de encuentros. Así, ciertamente, hay una diferencia entre que, en virtud de nuestra formación histórica y de nuestra familiaridad con la actividad cultural burguesa, nos apropiemos históricamente un vocabulario que resulta evidente en el lenguaje del pasado para que lo aprendido intervenga en el encuentro con el arte, y que, por otro lado, haya que empezar a deletrear un vocabulario nuevo y desconocido, que hay que ir acrecentando hasta que se pueda leer.

Sabemos lo que significa saber leer. Saber leer es dejar de percibir las letras como tales, y que sólo exista el sentido del discurso que se construye. En todo caso, es sólo la constitución armónica de sentido lo que nos hace decir: «He entendido lo que aquí se dice». Esto es lo que en principio lleva a su perfección el encuentro con el lenguaje de las formas artísticas, del arte. Espero que ahora esté claro que se trata de una relación de intercambio. Ciego está el que crea que puede tomar lo uno y dejar lo otro. No es posible dejar esto claro de manera suficientemente decidida: quien crea que el arte moderno es una degeneración, no comprenderá realmente el arte del pasado. Es menester aprender, primero a deletrear cada obra de arte, luego a leer, y sólo entonces empieza a hablar. El arte moderno es una buena advertencia para el que crea que, sin conocer las letras, sin aprender a leer, puede escuchar la lengua del arte antiguo.

Desde luego, esta tarea no presupone una comunidad de comunicación sin más, ni la acepta agradecida como si de un regalo se tratase; antes bien, es esa comunidad de comunicación la que hay que aprender a construir. El «museo imaginario», esa célebre fórmula de André Malraux, donde todas las épocas y logros del arte se presentan simultáneamente a la conciencia, significa, por así decirlo, la aceptación forzosa de esta tarea, si bien de una forma algo más complicada. Nuestro logro ha consistido precisamente en juntar esta «colección» en nuestra imaginación; y lo principal es que nunca lo poseemos ni nos lo encontramos delante, como cuando se va a un museo para ver lo que otros han coleccionado. Dicho de otro modo: como seres finitos, estamos en tradiciones, independientemente de si las conocemos o no, de si somos conscientes de ellas o estamos lo bastante ofuscados como para creer que estamos volviendo a empezar (ello no altera en nada el poder que la tradición ejerce sobre nosotros). Pero sí que cambia algo en nuestro conocimiento si arrastramos las tradiciones en las que estamos y las posibilidades que nos brindan para el futuro, o si uno se figura que puede apartarse del futuro hacia el cual estamos viviendo ya, programar y construir todo de nuevo. Por supuesto, tradición no quiere decir mera conservación, sino transmisión. Pero la transmisión no implica dejar lo antiguo intacto, limitándose a conservarlo, sino aprender a concebirlo y decirlo de nuevo. De ahí que utilicemos también la palabra «transmisión» *(Übertragung)* como traducción *(Übersetzung)*.*

De hecho, el fenómeno de la traducción es un modelo de lo que verdaderamente es la tradición. Lo que era lengua fosilizada de la literatura tiene que convertirse en nuestra propia lengua; sólo entonces es la literatura arte. Lo mismo puede

* Se entiende que en el idioma alemán. [T.]

decirse de las artes plásticas y de la arquitectura. Piénsese en la tarea que representa unificar de modo fructífero y adecuado las grandes construcciones arquitectónicas del pasado con la vida moderna y sus formas de circulación, sus costumbres visuales, posibilidades de iluminación y cosas por el estilo. Podría relatar, a modo de ejemplo, cuánto me conmovió, en un viaje por la Península Ibérica, entrar por fin en una catedral en la que ninguna luz eléctrica había oscurecido todavía con su iluminación el auténtico lenguaje de las antiguas catedrales de España y Portugal. Las troneras, por las que se puede mirar la claridad exterior, y el portal abierto, por el que entra la luz inundando la casa de Dios; sin duda, ésta era la forma verdaderamente adecuada de acceder a esa poderosa fortaleza divina. Esto no quiere decir que podamos desechar las condiciones en que nos hemos acostumbrado a ver las cosas. Podemos hacer esto en el mismo grado en que podemos desechar los actuales hábitos de vida, de circulación y demás. Pero la tarea de poner juntos el hoy y aquellas piedras del pasado que han perdurado es una buena muestra de lo que es siempre la tradición. No se trata de cuidar los monumentos en el sentido de conservarlos; se trata de una interacción constante entre nuestro presente, con sus metas, y el pasado que también somos.

Así pues, se trata de esto: dejar ser a lo que es. Pero dejar ser no significa sólo repetir lo que ya se sabe. No en la forma de las vivencias repetidas, sino determinado por el encuentro mismo es como se deja que lo que era sea para aquel que uno es.

Y, por fin, el tercer punto, la fiesta. No voy a repetir otra vez cómo se relacionan el tiempo y el tiempo propio del arte con el tiempo propio de las fiestas, sino que voy a concentrarme en un punto concreto: que la fiesta es lo que nos une a todos. Me parece que lo característico de la celebración es que no lo es sino para el que participa en ella. Y me parece que esto es una presencia especial, que debe realizarse totalmente a sabiendas. Recordar esto entraña que, así, se interpela críticamente a nuestra vida cultural, con sus lugares para el disfrute del arte y sus episodios en forma de experiencia cultural que nos liberan de la presión de la existencia cotidiana. Me permito recordar que estar expuesto a la consideración del público era parte del concepto de lo bello. Pero esto implica un orden de vida que, entre otras cosas, comprenden también las formas de la creación artística, la distribución arquitectónica de nuestro espacio vital, su decoración con todas las formas de arte posibles. Si el arte tiene de verdad algo que ver con la fiesta, entonces tiene que sobrepasar los límites de esta determinación que he descrito y, con ello, los límites impuestos por los privilegios culturales; e, igualmente, tiene que permanecer inmune a las estructuras comerciales de nuestra vida social. Con ello no se discute que puedan hacerse negocios con el arte, o que, tal vez, el artista pueda sucumbir también a la comercialización de su trabajo. Pero ésa no es precisamente la función propia del arte, ni ahora ni nunca. Podría mencionar algunos hechos. La gran tragedia griega, por ejemplo, que todavía hoy presenta problemas a los lectores más instruidos y perspicaces. Las sentencias de ciertos coros de Sófocles y Esquilo resultan, por su agudeza y precisión, de una oscuridad casi hermética. Y, sin embargo, en el teatro ático se unían todos. Y el éxito, la inmensa popularidad que ganó la integración cultual del teatro ático da fe de que no era la representación de las clases altas, o que tuviese la función de satisfacer a una comisión de festejos que otorgaba premios a las mejores obras.

Un arte similar era y es, con seguridad, la gran historia de la polifonía occidental derivada del canto gregoriano. Y aún hoy podemos tener una tercera experiencia, exactamente con el mismo objeto que los griegos: la tragedia antigua. En 1918 o 1919, después de la revolución, le preguntaron al primer director del Teatro de los Artistas de Moscú con qué pieza revolucionaria iba a inaugurar el teatro revolucionario. Y, con un éxito enorme, representó *Edipo rey*. ¡La tragedia antigua, en todas las épocas y para todas las sociedades! El equivalente cristiano de esto lo constituye el coro gregoriano y su complejo desarrollo, pero también las *Pasiones* de Bach. Que nadie se engañe: no se trata de la mera asistencia a un concierto. Aquí sucede algo muy distinto. Al oyente de un concierto se le hace patente que la audiencia no se congrega allí del mismo modo que lo hace en una gran iglesia cuando se interpreta una *Pasión.* Es como en el caso de la tragedia antigua. Ello alcanza desde las más altas exigencias de cultura artística, musical e histórica, hasta la indigencia y la sensibilidad más simples del corazón humano.

Pues bien, yo afirmo, con toda seriedad: la *ópera de tres centavos* o los discos de canciones modernas, tan queridos por la juventud actual, son exactamente igual de legítimos. Tienen también la capacidad de, salvando las diferencias de clase y nivel cultural, emitir un mensaje e instituir una comunicación. No me refiero a ese contagio del delirio que es objeto de la psicología de masa; tal contagio se da, y, sin duda, ha acompañado siempre toda experiencia genuina de comunidad. En este mundo nuestro, con sus poderosos estímulos y su adicción al experimento, con frecuencia irresponsablemente controlado por motivos comerciales, hay sin duda muchas cosas de las que no podemos decir que instituyan en verdad una comunicación. El delirio como tal no es ninguna comunicación duradera. Pero es significativo que nuestros hijos se sientan definidos, representados de modo fácil y espontáneo cuando se les impresiona mediante el juego de la música, que es como hay que llamarlo, o en formas de arte abstracto que, con frecuencia, resultan muy pobres.

Deberíamos tener claro que el salto generacional, o mejor dicho, la continuidad de las generaciones (pues los mayores también aprendemos) que experimentamos en las inocuas disputas caseras sobre el canal que se va a conectar o el disco que se va a poner, también tiene lugar en el conjunto de nuestra sociedad. Comete un craso error el que crea que el arte es sólo el arte de las clases altas. Olvida que hay estadios, salas de máquinas, autopistas, bibliotecas populares, escuelas de formación profesional que, a menudo, y con todo derecho, están instaladas con mucho más lujo que nuestros excelentes y viejos *Gymnasien* de humanidades —que yo, personalmente, con toda franqueza, echo de menos—, en los cuales el polvo escolar era casi un elemento de nuestra formación. Finalmente, olvida también los medios de comunicación de masa y su influencia sobre el conjunto de nuestra sociedad. No debemos olvidar que siempre hay un uso racional de tales cosas. Ciertamente que un peligro enorme para la civilización humana acecha en la pasividad que ha producido el uso, demasiado cómodo, de los múltiples canales de la cultura, especialmente en lo que se refiere a los medios de comunicación de masas. Pero justamente ahí está el reto humano para todos —para el adulto que educa y atrae, para el joven que es educado y atraído—, de enseñar y aprender con su propia actividad. Lo que se exige de nosotros es precisamente esto: poner en actividad nuestra ansia de saber y nuestra capacidad de elegir en presencia del arte y de todo lo que se difunda por los medios de comunicación de masas. Sólo entonces tendremos la experiencia del arte. La indisolubilidad dc forma y contcnido sc hacc efectiva con la no distinción por medio de la cual el arte nos sale al encuentro como lo que nos dice algo y como lo que nos enuncia.

Sólo necesitamos clarificar los dos conceptos contrarios en los que, por así decirlo, puede derrumbarse esta experiencia. Quisiera describir estos dos extremos. Uno es esa forma de disfrutar de algo porque resulta conocido y notorio. Tengo para mí que aquí está el origen del *kitsch*, del no arte. Se oye lo que ya se sabe. No se quiere oír otra cosa y se disfruta de ese encuentro porque no produce impacto alguno, sino que le afirma a uno de un modo muy lacio. Es lo mismo que el que está preparado para el lenguaje del arte y siente exactamente lo que el efecto quería que sintiese. Se nota que se quiere hacer algo con uno. El *kitsch* lleva siempre en sí algo de ese esmero bienintencionado, de buena voluntad y, sin embargo, es justo eso lo que destroza el arte. Porque el arte sólo es algo si precisa de la construcción propia de la conformación, aprendiendo el vocabulario, la forma y el contenido para que la comunicación efectivamente se realice.

La segunda forma es el otro extremo del *kitsch*: el degustador de estética. Se le conoce especialmente en relación a las artes interpretativas. Va a la ópera porque canta la Callas, no porque se represente esa ópera en concreto. Comprendo que eso sea así. Pero afirmo que eso no le va a proporcionar ninguna experiencia del arte. Está claro que saberse el actor, el cantante o el artista en general en su función de mediador constituye una reflexión de segundo orden. La experiencia de una obra de arte se culmina plenamente cuando de lo que uno se asombra es justo de la discreción de los actores; éstos no se exhiben a sí mismos, sino que evocan la obra, su composición y su coherencia interna hasta alcanzar, sin proponérselo, la evidencia. Hay aquí dos extremos: la «intención artística» para determinados fines manipulables que se presenta en el *kitsch,* y la absoluta ignorancia, por parte de los amigos de la degustación, del discurso propio que la obra de arte nos dirige, en favor de un nivel estéticamente secundario.

Me parece que nuestra tarea se centra propiamente entre estos dos extremos. Consiste en acoger y retener lo que se nos transmite gracias a la fuerza formal y a la altura creativa del arte genuino. Al final, conocer cuánto saber transmitido por la cultura histórica se tiene realmente en cuenta, resulta ser una especie de problema irrisorio o una pregunta secundaria. El arte de otros tiempos pasados sólo llega hasta nosotros pasando por el filtro del tiempo y de la tradición que se conserva y se transforma viva. El arte no-objetual contemporáneo puede tener —ciertamente sólo en sus mejores productos, apenas distinguibles hoy para nosotros de sus imitaciones— exactamente la misma densidad de construcción y las mismas posibilidades de interpelarnos de modo inmediato. En la obra de arte, eso que aún no existe en la coherencia cerrada de la conformación, sino sólo en su pasar fluyendo, se transforma en una conformación permanente y duradera, de suerte que crecer hacia dentro de ella signifique también, a la vez, crecer más allá de nosotros mismos. Que «en el momento vacilante haya algo que permanezca». Eso es el arte de hoy, de ayer y de siempre.

[El presente texto es una versión reelaborada de las lecciones que el autor dio, con el título de «El arte como juego, símbolo y fiesta» en las Semanas de la Escuela Superior de Salzburgo, del 29 de julio al 10 de agosto de 1974. La versión original apareció en el volumen, editado por Ansgar Paus, que contiene todas las lecciones dadas en las Semanas de la Escuela Superior de Salzburgo de 1974; *Kunts heute*, Graz Styria, 1975, págs. 25-84.]

Se terminó de imprimir
en el mes de febrero de 1998 en
Gráfica M. P. S. S.R.L.
Santiago del Estero 338 - Lanús
Buenos Aires - República Argentina